USE YOUR RIGHTS
EVERYDAY

Machiko Kaida
甲斐田万智子
国際子ども権利センター代表理事

毎日つかえる子どもの権利

アルパカ

## この本を読んでくれるあなたへ

　みなさん、子どもの権利や子どもの権利条約を学校で習ったことはありますか？ 子どもの権利なんて、ピンとこないと思う人がいるかもしれませんが、それは、身近な問題と結びつけて教えてもらえなかったからかもしれません。子どもの権利条約は、国連で子どもの権利を定めたものです。

　たとえば、子どもは暴力を受けない権利がありますが、お父さんやお母さん、学校の先生、施設の職員やほかのおとなから、こころが傷つくほどひどいことを言われたとき、それはあなたの「暴力から守られる権利」を侵害されたということです。でもそれが「権利」だということを知らなければ、「お父さんお母さんが望むような成績をとれていない自分がだめなんだ」、「校則を守れなかった自分がだめなんだ」、「施設のルールを守らなかった自分がだめなんだ」と思ってしまうかもしれません。また、お父さんやお母さん、学校の先生、施設の職員が子どもを傷つけるようなしかり方は、子どもへの暴力だということを知らなかったら、子どもが「やめて」と言っても、子どものために行なっているしつけや指導だと思い、それが暴力だと気づかないかもしれません。

　また、あなたにはお父さんお母さんの期待どおりに生きるのではなく、自分の望む学校や時間の過ごし方、そして、進路を選ぶ権利があります。学校や施設、家族のルール(決まりごと)は、みなさんが納得して一緒に決めたものですか？ もし先生や施設の職員、親だけで決めたもので、納得いかないルールであるなら、おとなと話し合って変えていける権利があります。なぜなら、あなたは意見を言う権利だけでなく、意見を尊重してもらって、その意見を反映してもらう権利があるからです。

おとなが決めたルールに従っておとなの望むように生きるのではなく、自分たちが決定にかかわったルールのもとで、ありのままの自分で生きる権利があるのです。

　ありのままの自分でもいいとわかったら、きっと前より楽しく、楽に生きることができるのではないかと思います。学ぶ内容や学ぶ方法だって、子どもたちが学びたいこと、子どもたちが学びたい方法で学ぶようになれば楽しくなるのではないでしょうか。

　親や先生、職員からいやなことを言われたときに、「もっと言い方を変えて、やさしく言ってほしい」と伝えることもできます。いやな言い方をされ続けるとこころや脳に悪い影響を受けるからです。

　子どもは健康に生きる権利がありますが、身体だけではなくこころの健康もふくまれます。こころは見えないけれど、知らず知らずに深く傷ついたり、疲れたりすることがあるでしょう。そういうときは休むことが大事です。でも休んで回復してもまた傷つけられるかもしれません。そうならないように、子どもは言葉の暴力や心理的な暴力から守られる権利があることを知ることが大切です。

　この本は、子どもの権利条約の42の条文に定められている権利について解説しています。*子どもが日常生活で困ったとき、つらい思いをしたとき、もっと子どもの権利を知りたいと思ったとき、読んですぐにつかえるようにつくりました。なぜなら、子どもの権利は、子ども自身が知って、つかってこそ意味があるからです。

　1つの条文の子どもの権利に関して、子どもが困っている状況と、そういうときにつかえる子どもの権利を説明し、どこに相談したり、どのようにしたらいいのかを説明しています。最初から順番に読む必要はなく、興味のあるところから読めるようになっています。

　あなたがいやなことをがまんせず、今と未来を幸せに生きていけるように、この本をつかっていってください。

---

＊　子どもの権利条約には54条までありますが、43条から54条までは手続きについて定めたものです。
＊　本文に出てくる条約の名前が入っていない「第●条」と書いてあるのは、子どもの権利条約のことです。

# もくじ

この本を読んでくれるあなたへ ……… 002

## 序章　あなたがもってる、子どもの権利を知ろう！ ……… 007

### 子どもの権利条約を知って、つかおう！

## 第1章　子どもの生きる権利 ……… 018

**第1条** 子どもって誰？ ……… 018
**第2条** 差別されない権利　差別されないために ……… 021
**第3条** 子どもにとって一番いいことをしてもらえる権利　子どもの最善の利益 ……… 024
**第6条** 子どもには、生きる権利がある ……… 027

## 第2章　子どもが日々すくすくと育つ権利 ……… 030

**第5条** 子どもが権利をつかうとき、
おとなから適切なサポートをしてもらえるよ ……… 030
**第7条** 子どもには、生まれたら登録され、名前と国籍をもつ権利があるよ ……… 033
**第8条** 子どもには、自分のアイデンティティを守る権利があるよ ……… 036
**第9条** 子どもには、親と引き離されない権利があるよ ……… 039
**第10条** 子どもには、別の国で暮らす親と会う権利があるよ ……… 042
**第11条** 子どもには、勝手に別の国へ連れ去られない権利と、
前に住んでいた国に戻してもらう権利があるよ ……… 045
**第18条** 親は、自分の子どもを育てる義務があるよ ……… 048
**第20条** 今いる家庭で暮らすことができなくなった子どもには、
ほかの場所で暮らす権利があるよ ……… 051
**第21条** 子どもは、その子にとって一番いいかたちで
養子にむかえいれられるよ ……… 054
**第23条** こころや身体に障がいがあっても、
それを理由に差別されることなく、幸せに生きる権利があるよ ……… 057

**第24条** 健康でいられるように必要なケアをしてもらえる権利があるよ ……… 060

**第25条** 施設で暮らす子どもは、良い扱いを受けているか、
定期的にチェックしてもらう権利があるよ ……… 063

**第26条** 子どもは、生活するのに困ったら、
国からサポートしてもらえる権利があるよ ……… 066

**第27条** 子どもには、こころと身体が健康に暮らすために必要なものを
十分与えてもらう権利があるよ ……… 069

**第28条** すべての子どもは、自分にあった学びをする権利があるよ ……… 072

**第29条** 子どもには、自分の可能性を
最大限に広げるために学ぶ権利があるよ ……… 075

**第30条** すべての子どもは、自分の信じる神さま・自分が話す言葉・
自分の文化を大切にする権利があるよ ……… 078

**第31条** 子どもには、たくさん遊んで、十分に休んだり、
文化や芸術活動に自由に参加する権利があるよ ……… 081

**第39条** こころや身体に大きな傷を負ったら、
傷をいやすためのサポートを受けることができるよ ……… 084

## 第3章 子どもが有害なものから守られる権利 ……… 087

**第19条** 子どもには、親や自分を育ててくれている人から
「虐待されない権利」があるよ ……… 087

**第22条** 難民の子どもも、日本の子どもと同じように
大切に守られて育つ権利があるよ ……… 090

**第32条** 子どもには、こころや身体に悪い影響を与えるような
労働から守られる権利があるよ ……… 093

**第33条** 子どもには、違法な薬物から守られる権利があるよ ……… 096

**第34条** 子どもには、性的搾取・性的虐待から守られる権利があるよ ……… 099

**第35条** 子どもには、誘拐されたり、
モノのように売り買いされない権利があるよ ……… 102

**第36条** 子どもには、すべての搾取から守られる権利があるよ ……… 105

**第37条** 子どもには、罪を犯しても残酷な方法による
罰を受けない権利があるよ ……… 108

**第38条** 子どもには、紛争に巻き込まれない権利があるよ ……… 111

**第40条** 罪を犯した子どもには、立ち直るための教育や支援を受ける権利や、

個人の尊厳が守られる権利があるよ ………… 114

## 第4章 自分たちの社会のことを 自分たちで決めていく権利 ………… 117

**第12条** 子どもには、自由に自分の意見を伝える権利があるよ ………… 117

**第13条** 子どもには、表現する権利と知る権利があるよ ………… 120

**第14条** 子どもには、自由に考え、自由に信じる権利があるよ ………… 123

**第15条** 子どもには、自由にグループをつくったり、
集まって話し合いをしたりする権利があるよ ………… 126

**第16条** 子どもには、プライバシーと名誉が守られる権利があるよ ………… 129

**第17条** 子どもには、適切な情報を十分に受け取る権利があるよ ………… 132

## 第5章 日本政府や自治体の子どもの権利を 実現する責任 ………… 135

**第4条** 子どもの権利が守られる社会にするために、
国はあらゆることを行なう義務があるよ ………… 135

**第42条** 国は子どもの権利を、子どもとおとなに知らせる義務があるよ ………… 138

この本を読んでくれたあなたへ ………… 142

子どもの権利についてもっと知りたいときに役に立つ15冊 ………… 147

あなたも相談してみませんか ………… 148

困ったときのための相談窓口一覧 ………… 150

国際子ども権利センター（シーライツ）って？ ………… 151

装丁・本文デザイン　ナカグログラフ（黒瀬章夫）
カバーイラスト　広野祐子
本文イラスト　大越京子

# あなたがもってる、子どもの権利を知ろう！

## 1　子どもの権利を定めた子どもの権利条約はなぜ大事なの？

**権利は、自分らしく生きるために、
生まれたときからすべての人がもっているもの**

　権利とは、人が人間らしくありのままに生きるために、生まれたときからすべての人がもっているものです。1、2世代前までは、子どもは、「親の所有物であり、親が勝手に働かせたり、養子や奉公（他人の家で働かせること）に出してもかまわない」と考えるおとながたくさんいました。

　今でも、子どもがどう思っているかを聞かずに、おとなから勝手になにかをされたり、させられたりする子どもはたくさんいます。親から勝手に勉強やゲームのルールを決められたり、進路を決められたり、学校の先生だけで校則を決められたりすることなどです。子どもは、おとなよりも弱い立場にあったり、おとなよりもっている力が少なかったりするため、いやなばあいでもいやと言えなかったり、言われるままに従ってしまったりすることが多くあります。

でも、子どもの権利条約で、子どもも権利の主人公(主体)として認められ、おとなは、子どもを一人の人間として、子どもの気持ちや思いを大切にしなければならないと定められました。おとなが勝手に子どもの生活を決めたり、おとなの思うままにさせてはいけないということになったのです。子どもは、おとなと対等になったのです。

### 子どもは権利の主人公 (主体) ってどういうこと?
　子どもは、「その問題は私(私たち)にかかわることだから、私(私たち)にも意見を言わせてほしい。そのために、その問題にかかわる情報を十分に提供してほしい。そして私たちに話し合う機会を与えてほしい」と言えるようになりました。
　このようにすることが子どもが権利をつかうということで、子どもは権利の主人公(主体)ということです。自分にかかわることがおとなに決められそうになったとき、それがあなたにとって、「もっともいいこと(最善)」ではない、と思ったら、「子どもには最善の利益を考えてもらう権利がある」、と主張して、おとなが決定しようとしたことを見直してもらうことができます。

　たとえば、親が離婚したとき、誰と一緒に暮らすのが一番いいか、親から虐待されているとき、どこで暮らすのが一番いいのか、あなたの気持ちを伝えてそれを大切に思ってもらうことができます。いじめ

や差別をされたときに、どのような解決方法があるか示してもらい、その中から一番自分が望むことを伝える権利があります。性被害を受けたとき、誰かに相談し、相手を訴えるか、こころのケアをしてもらうかなど、どういう選択があるか教えてもらう権利があります。

　これまで学校の先生だけで決めていた校則を、今は多くの学校で生徒と一緒に先生が見直しを始めています。そして、校則を変えたり、校則をなくしたりすることについて子どもの意見を聞いてもらえるようになりました。

　このように子どもは自分に影響があることを決めるときはそのことについて意見を言ってもいいということが、子どもは権利の主体という考え方です。つまり、子どもは、おとなが一方的に決めたことに疑問をぶつけてもよくて、自分の人生は自分で決められるということです。

　また、子どもの権利条約では、グループをつくったり、ミーティングを開いたりして自由に意見を交換したり(第15条)、そのミーティングで決めたことを社会に発信する権利(第13条)が認められました。社会で子どものためになにかをしようとするときは、子どもたちどうしで話し合ってそれについて意見を言えるようになり、おとなたちはしっかりその意見を聞かなくてはなりません。

### 2　子どもの権利を定めた子どもの権利条約はどのようにしてできたの?

　子どもの幸せは、子どものことをおとながどんなふうにみているのかということに大きく関係します。むかし、ヨーロッパでも子どもは「小さなおとな」と考えられ、働かされていた子どもも多くいました。

　しかし、第一次世界大戦でたくさんの子どもがケガをし、命を落としたことにおとながこころを痛め、子どもの生きる権利、保護する権利を守らなくてはならないという宣言を100年前の1924年にスイス

で行ないました。それは、「ジュネーブ宣言」というもので、当時の国際連盟で認められ、国ぐにが最初に賛成した子どもの権利の約束事でした。

その後、1945年にできた国際連合で、1948年に世界人権宣言がつくられた後、1959年に「子どもの権利宣言」がつくられました。それは、子どもはおとなと違って、日々成長している存在なので、子どもがすこやかに育つための十分な食事や住むところ、トイレや水などの衣食住や教育などがきちんと与えられる権利があるということを新たにふくめる必要があったからです。子どもが子どもでいられる時代＝「子ども期」は、特別で大切な期間なので、働かせたりしないで、"栄養"をたっぷりとって、すくすくと育ってほしいという考えです。

その後、子どもの権利を「守りましょう！」と宣言するだけではなく、法的な力をもつ条約にしようという提案がなされ、1979年にポーランド政府が条約の草案(最初の原稿)を提案しました。

ポーランドには、「子どもの権利条約の父」と呼ばれるヤヌス・コルチャックさんという人がいました。彼は孤児院の先生をしていたのですが、子どもを一人の人間として尊重すべきだと考え、子どもたちの意見をとても大事にしていました。悲しいことに子どもたちとコルチャックさんは、1942年にナチス・ドイツに殺されてしまいますが、子どもの声を尊重する彼の考えが条約の草案にいかされました。

**子どもたちの意見をじっくり聞くコルチャック先生**

　子どももふくめた世界中の人びとがその案について11年にもわたって話し合った結果、1989年に国連でつくられたのが子どもの権利条約です。この条約には、それまでの宣言にはなかった、子どもの参加の権利が加わりました。こうして、子どももひとりの人間として、権利の主人公(主体)として認められたのです。

　そして、子どもの権利条約の権利は、大きく分けて4つのグループに分けられ、4つの基本的な決まりごと(原則)でつくられています。

## 子どもの権利条約の**4**つのグループ

**生きる権利**
子どもが食事を十分とったり、病気になったときにきちんと治療を受けられる権利

**育つ権利**
子どもが育つために遊んだり休んだりする権利や学ぶ権利

**守られる権利**
子どもが、あらゆる暴力やドラッグなど有害なものや危険なものから守られる権利

**参加する権利**
子どもが意見や気持ちを発信する権利。グループをつくったり話し合いをもつ権利

## 子どもの権利条約の**4**つの基本的な決まりごと(原則)

**差別の禁止**
子どもはどんなばあいでも、どんな子どもに対しても差別をしてはならないということ

**子どもの最善の利益**
おとなは、子どもとって、もっとも良いことをしなければならないということ

**生きる権利・成長する権利**
子どもの生きる権利と育つ権利を大切にしなければならないということ

**子どもの意見の尊重**
子どもに関係することを決めるときは、子どもの意見をきちんと聞き、子どもと一緒に決めなければならないということ

## 3 子どもの権利条約のしくみはどうなっているの?

　子どもの権利条約は、現在196カ国が批准しています。これは、アメリカ合衆国を除くすべての国です。批准するということは、条約に定められた権利を政府が守ると約束することです。そのためには、批准した国は条約に定められたことが実現するように法律を変えたり、つくったりしていくことが必要になります。そして、条約が大切にしていることをその国のおとなたちが守っていかなければなりません。こうして、世界中で、子どもを一人の人間として大切にし、その意見を聞くようになりました。

　では、日本ではどうだったでしょうか。条約が採択されてから多くの国がすぐに批准したのですが、日本は1994年と、とても遅く、158番目の批准でした。どうしてそんなに遅かったのでしょうか? それは、子どもに権利を認めると子どもが「わがまま」になってしまうのではないかと心配する人がたくさんいたからです。とくに学校の先生が心配したそうですが、じつは、30年たった今でもそんなふうに心配する人がまだたくさんいます。

　批准した政府は、私たちに子どもの権利や条約について、広報をする義務があったのですが、批准したとき、学校関係の仕事をしている役人が、「子どもの権利とともに義務も教えなくてはならない」というお知らせを全国の学校に送りました。それで、学校の先生の中には、間違えて「権利を主張するなら、まず義務を果たせ」と子どもに指導する先生がいました。でも、本当は、「子どもの権利」とセットになっているのは「子どもの権利を守るおとなの義務」でした。このような中、過去30年間、日本では、ほとんどの子どもたちが子どもの権利をきちんと学校で教えてもらえませんでした。

　おとなやクラスメイトから傷つけられたり、苦しかったりしても子

どもの権利を知らなければ、誰にも相談したり、いやと言えないままおとなになった子どもも少なくないでしょう。そうしておとなになった人たちは、子どもが権利をつかえるということについて理解がないままではないでしょうか。

　また、批准をした国の政府は、子どもの権利条約をどれだけ実施しているかという報告書を国連子どもの権利委員会に提出しなければなりません。これまで日本政府は、4回の報告書（4回と5回は合同）を提出し、審査され、勧告（注意）を受けてきました。

　たとえば、子どもの権利条約には、どんな子どもも差別されないという大事なきまりごと（原則）がありますが、日本で、アイヌなど民族的なマイノリティの子ども、海外ルーツの子ども、LGBTI（性的マイノリティ）の子ども、障害のある子どもに対する差別があることを国連子どもの権利委員会は問題だと考え、日本政府に対し、「差別を禁止する法律をつくり、意識を変える活動や人権教育をしてください」、と注意しました。

　また、子どもへの暴力や性的虐待、性的搾取*1がたくさん起きていることから、「子どもが被害にあったときに通報できる窓口をつくったり、被害を受けた子どもの要望にこたえることのできるスタッフが子どもたちを支えられるようにしてください」と日本政府に注意しまし

---

＊1　性的虐待、性的搾取：99ページ参照。おとなから自分の身体の大事なところを触られたり、性的なことを言われたりすることです。

013

た。さらに、子どもの権利委員会は日本政府に「子どもの権利を定めた法律をつくってください」となんども注意してきました。

そこで、子どもの権利を守りたいと考える市民団体[*2]と子どもたちが声をあげて日本政府にはたらきかけ、2023年4月にようやく「こども基本法」がつくられました。同時にこども家庭庁がつくられ、子どもの声を聞きながら子どものための取り組みを始めました。

## 4 子どもの権利は、どのように「つかえる」の?

こども基本法は、「子どもの権利条約の精神にのっとって」子どものための取り組みをしなければならないと定めました。「差別の禁止」「子ども最善の利益」「子どもの意見の尊重」という子どもの権利条約と同じきまりが法律で定められたのです(こども基本法第3条)。

この法律の今までとの大きな違いは、子どもの意見表明です。子どもに関係することについては子どもの意見を聞かなくてはいけないことが定められました(第3条)。つまり、子どものことをおとなが勝手に決めてはならないということが法律で決められたのです。家庭でも学校でも地域でも、自分の気持ちや思いが大切され、自分の人生は自分で決められるということになりました。政府やみなさんの住む自治体で子どもに対する取り組みを行なったり、子ども計画をつくったりするときは、子どもの意見をきちんと聞くことが定められました。また、子どもがいろいろなかたちで社会の活動に参加する機会をつくることも定められました(第3条)。子どもたちは、政府の会議に呼ばれたり、子どもパブリックコメントというアンケートに参加したり、SNSで意見を発信することができるようになりました。これはこども家庭庁のパンフレットに書かれています。

そもそも、子どもの権利条約には、子どもがグループをつくったり、

---

*2 「広げよう!子どもの権利条約キャンペーン」など

ミーティングを開いたりして自由に意見を交換したり(第15条)、その
ミーティングで決めたことを社会に発信する権利(第13条)が定められ
ていました。それが子どもの権利条約だけでなく、こども基本法でも
ようやく認められたということです。

　この法律ができる前から、子どもの権利を守るために子どもの権利
条例をつくっている自治体(市町村)では、子ども会議や子ども議会が
開催され、子どもたちが話し合って、その結果を市長に提案したりし
てきました(たとえば、川崎市や奈良市)。

　しかし、そういう自治体は、日本全体からみるとまだわずかです
(1741のうち69自治体[*3])。そのような自治体では、日ごろから、学校で
子どもの権利を教えてもらったり、地域で子どもの意見を聞いても
らったりできますが、条例がない自治体ではそのようなことをしても
らえませんでした。

　でも、これからは、日本のどこであっても、子どもの意見を聞くこ
とがあたりまえの社会になっていくことが決まりました。こども家庭
庁では、それを「こどもまんなか社会」と呼んでいます。

　「私にだって意見を言える権利がある」とか「私にだってプライバ
シーを守られる権利がある」などと主張していいのです。もし「権利を
主張する前に義務をはたせ」とおとなから言われたら、その人は誤解
をしているので、「義務があるのは、おとなの方です」と教えてあげま
しょう。もちろん子どもにも、友達やおとななどほかの人の権利を侵
害しない責任はあります。でも、それは責任をはたせないなら権利を
主張してはならないという条件ではありません。

　そして、「私には○○の権利がある」、というときに、どんな子ども
にとっても等しく同じ権利があります。どんな子どもにも「差別され
ない権利」があるからです。女の子だからリーダーになれないと言わ
れたり、男のくせに泣くなんてだめだ、としかられるのはジェンダー
差別です。今の学校における過ごし方が合わなくて不登校になった子

---

[*3]　2024年4月現在。子どもの権利条約総合研究所

どもがまるで問題があるように社会からみられるのも差別です。

　このように権利に基づいて主張できるようになるためには、子どもが権利をつかえることをしっかり教えてもらう必要があります。こども基本法では、政府や自治体が子どもの権利を広く知らせていくことも定められました(第15条)。ですので、もし自分の学校の先生が子どもの権利を教えていなかったり、自治体が住民に子どもの権利を知らせていないばあいは、「きちんと権利について教えてください」、と言えるようになったのです。

　そして、「こども基本法」によって、つくることが定められた「こども大綱」が2023年12月につくられ、子どものための取り組みの考え方が示されました。こども大綱には、専門家の意見だけでなく、子どもや若者の意見も聞き、それらが反映されました。

　たとえば、子どもたちからはこんな意見が出されました。「子どもやの意見を聞くだけでなく、政策形成などへ の影響力をもてるようにしてほしい。」

　このように子どもの権利を知ることで、子どもが日ごろ疑問に思っていることやつらいと感じていることをおとなに対して伝えることができます。それでは、これから一つひとつどんな権利があるのかみていきましょう。

USE YOUR RIGHTS
EVERYDAY

子どもの
権利条約を
知って、
つかおう!

第1章　子どもの生きる権利

子どもの権利条約

**第1条**

子どもって？
........................................
こども基本法 第2条

# 子どもって誰？

第1章
第2章
第3章
第4章
第5章

子どもの生きる権利

## ⭐ 何歳までが「子ども」なの？

　みなさんは「子ども」という言葉を聞いて、何歳の人を思いうかべますか？

　1989年に定められた国連子どもの権利条約では、「子どもとは、18歳未満のすべての者をいう」(第1条)と決められています。子どもは日々成長していますので、そのすこやかな成長を助け、子どもが自分のもっている力をのばせるように、遊ぶ時間、休む時間、安全に学ぶ機会や場所を十分に得る権利があります。

　そして、子どもに対して悪い影響を与えるもの(たとえば、暴力・児童労働・性的虐待・人身売買・紛争・麻薬など)から、守られる権利があります。さらに、子どもであっても、自分の思いを自由に安心して伝える機会や場所も得る権利があります。すべてのおとな、そして国や自治体は、そのためにあらゆる対策をとる必要があるのです。

## ⭐ 「子ども」の年齢を決める理由

　最初に子どもの権利条約が定められたときは、子どもが戦争や紛争から守られる権利(第38条)の対象となる子どもの年齢は、「15歳未満」となっていました。つまり、15歳から17歳までの子どもは、兵士として戦争に送り込むことができたのです(11ペー

| 選挙年齢 | | 被選挙年齢 ＊ | |
|---|---|---|---|
| 日本など 164 カ国 | 18 歳 | イギリス、フランス ドイツなど 65 カ国 | 18 歳 |
| インドネシア、東チモール 朝鮮民主主義人民共和国 | 17 歳 | ロシア、メキシコ など 57 カ国 | 21 歳 |
| オーストラリア、ブラジル ニカラグア | 16 歳 | 日本、アメリカ、韓国 など 55 カ国 | 25 歳 |

法務省のホームページ「世界各国・地域の選挙権年齢及び成人年齢」、産経新聞(2023年4月18日)より筆者作成
＊衆議院など下院の選挙で立候補・当選できる年齢

ジ)。当時は、世界の多くの場所でその年齢の子どもが兵士として つかわれていて、急に禁止することがむずかしかったから、という理由からでした。

でも、15歳から17歳の子どもが戦いに参加させられ、人を殺したり、殺されたりすることから守られないといけない、と国連で話し合われ、2002年に、すべての18歳未満の子どもは戦争で直接戦うことから守られなければならないと定められました。[1]

このように、子どもを守るためには、子どもの年齢をはっきり決めることが、とても大切です。日ごろから子どもの権利を意識していたある子どもは、18歳になったとき「こんどは、自分が子どもの権利を守る番だ」と、つぶやいていました。

しかし、日本では、明治時代からの約140年もの長い間、おとなになる年齢は20歳とされてきたので、「18歳からもうおとな」と考える人は、これまで少なかったでしょう。

2022年に民法が改正されて、ようやく日本でもほかの国と同じように、おとなになる年齢が18歳と決められました。また、2016年には、18歳にも選挙権が与えられようになりました。これからは、立候補できる年齢も下がっていくことが期待されます。

そうなると、政治について積極的に考える子どもも増えていくで
しょう。

## ⭐ 第1条について日本で起きている問題

おとなには、子どもの権利を守る責任があります。

そこで、国連子どもの権利委員会は、子どもの権利が各国で
きちんと守られているかを調査し、子どもの権利を守るために、
もっと努力すべき点や改善すべき点を日本政府に伝えてきました。

第1条について日本が国連から注意された点は、2つあります。

1つは、結婚できる年齢が、女子は16歳・男子は18歳と、男
女で違いがあることでした。2022年に、おとなになる年齢が18
歳になったので、女子も結婚できる年齢が18歳になり、今は男
女平等になりました。

もう1つは、性行為に同意できる年齢についてです。

これは本来、子どもを守るために法律で定められており、多く
の国では16歳〜18歳なのに対して、日本は明治時代に13歳とた
いへん低い年齢に定められてから変わっていませんでした。そ
の年齢を引き上げるように国連から注意を受けてきたのですが、
2023年にようやく法律が変わり、性行為に同意できる年齢が16
歳になりました。

この法律の改正によって、16歳未満への性行為は処罰される
ことになりましたが、13〜15歳のばあいは、相手が5歳以上年
上のばあいが処罰対象となります。

このように18歳未満の子どもに対しては、国や自治体、社会
が守るためにさまざまなことをしていく責任があります。

---

第1章
第2章
第3章
第4章
第5章

子どもの生きる権利

*1　武力紛争における子どもの関与に関する選択議定書

第1章　子どもの生きる権利

子どもの権利条約　第2条

## 差別の禁止

こども基本法 第3条第1項
SDGs 5. 10. 3

# 差別されない権利
## 差別されないために

## ⭐ 子どもたちに起きていること

あなたはこれまでに、差別されたと感じたことはありますか？差別されると、とてもつらい、いやな気持ちになりますよね。

しかし、実際には、子どもへの差別がさまざまな場所で起きています。たとえば、生まれた性による差別です。女の子という理由で、学校に行かせてもらえなかったり、結婚させられたりする子どもが、世界にはたくさんいます。

日本でも、女の子という理由で大学に進学することを認められなかったり、医学部の入学試験の合格点が、男の子より高く設定されていたことがあります。男の子は、泣いてはいけないと言われたり、女の子の遊びと考えられているもので自由に遊ぶことがむずかしかったりします。

こころと身体の性が違っているトランスジェンダーの子どもや、同性を好きな子どもも、からかいや、ひどいいじめにあうことがあります。そのため、学校に通えなくなったり、自殺を考えたりする子どもも少なくありません。

また、海外から移り住んできた子どもや、日本で生まれても親が海外から来た人だと、見ためや文化が違ったりすることで差別にあうことがあります。中には、海外で暮らしていたときと同じように日本に来てからも自由に発言していたらいじめにあってこ

第1章

第2章

第3章

第4章

第5章

子どもの生きる権利

021

ころの病気になり、命を絶ってしまった子どももいます。

また最近では、「マイクロアグレッション」と呼ばれる行動も問題となっています。たとえば、アフリカをルーツにする子どもが運動ができるのがあたりまえという思い込みによる態度をとられたり、日本で生まれたのに海外ルーツの子どもが「おはしのつかい方が上手だね」と言われたりすることです。悪気はなくても、毎日のように偏見にもとづいた言い方をされると、言われた子どもは傷つき、大きなストレスになります。

### ★ あなたは、ありのままに生きる権利があるよ

第2条では、どんな理由によっても子どもは差別されない権利を定めています。そして、子どもが差別されないように、政府はあらゆる対策をとらなくてはいけません。

また、第2条は、このような差別をなくすために、ジェンダー平等（どのような性に生まれても差別されないこと）や性的マイノリティ（同性を好きになったり、こころと身体の性に違和感を感じる人のこと）についての正しい知識を、学校の先生や親がもたなくてはならないことを、定めています。

子どもの権利の考え方は、子どもがほかの人と違う個性を大切

にし、その個性を表現することも大事ということです。自分が違った意見を言うことも良いことです。

しかし、日本では、ほかの人と同じようにふるまわないといけないという考えが強くあります。そのため、個性的にふるまったり、人とは違う意見を言うことで、反発され、いじめを受けることがありますが、それは権利の考え方に反しています。

金子みすゞさんという詩人が書いた、「みんなちがって、みんないい」※1という詩があります。これは、「ありのままのその人を認める」という子どもの権利の大切な考えです。人と違うふるまいをしていても、「おかしい」と仲間はずれにされるのではなく、違いを受け入れられることが子どもの権利です。

 もし差別されたらどうしたらいいの？

国連子どもの権利委員会から日本政府に対して、子どもの差別をなくすために、差別を禁止する法律をつくるよう、なんども注意されていますが、いまだにつくられていません。

しかし、2023年に「こども基本法」がつくられ、すべての子どもへの差別的な扱いが禁止されました（第3条）。ですから、もし、あなたが差別されていると思ったら、どうどうと「やめて！」と言いましょう。

一人で伝えるのがむずしいと感じるときは、保健室の先生やスクールカウンセラーなどに相談してみましょう。またこども家庭庁の、子ども向けホームページ※2にはいつでも相談できる無料の相談窓口が出ているので、活用しましょう。あなたは誰からも差別されない権利をもっているのですから。

---

＊1　『わたしと小鳥とすずと』（金の星社）収録
＊2　子ども向け相談窓口：https://www.kodomo.cfa.go.jp/soudan/
　　親子のための相談 LINE：https://www.cfa.go.jp/policies/jidougyakutai/oyako-line

第1章　子どもの生きる権利

## 子どもの権利条約

### 第3条

子どもの最善の利益

こども基本法 第3条第4項
SDGs すべて

# 子どもにとって一番いいことをしてもらえる権利
## 子どもの最善の利益

⭐ **子どもたちにこんなことが起きている**

　みなさんは、困ったとき、自分にとってもっとも良いことをおとなからしてもらっていると感じていますか。残念ながら必ずしもそうではないときがあります。

　たとえば、現在、日本で育った外国ルーツの子どもたちが、親の出身国に無理やり送り返されるという危険性があり、問題になっています。その子どもたちの多くが日本で生まれ、日本の学校教育を受け、日本語しか話せないにもかかわらず、両親に日本で生活し続ける資格がないために子どもにもその資格がなく、一緒に親の母国に送り返されるかもしれないのです。日本に移り住んだ親のもとで生まれ育った子どもや、幼少期に来日し日本で成長した子どもにとって、日本は故郷であり、日本語が母語なので、親の母国に帰っても言葉がわからず、教育も中途半端になるなど、親の母国に帰されることは子どもにとって「もっとも良いこと」ではないことは明らかです。

　また、千葉県野田市で小学校4年生の栗原心愛ちゃんがお父さんから虐待を受け続け亡くなるというとても悲しい事件がありました。おとなが、心愛ちゃんにとって一番いいことを考えていたら、児童相談所が心愛ちゃんを父親のもとに返したり、心愛ちゃんが「先生、なんとかなりませんか」と書いたアンケートを教育委

第1章
第2章
第3章
第4章
第5章

子どもの生きる権利

024

員会がお父さんに見せたりすることはしないで、ほかの方法を
とっていたでしょう。

## ⭐ あなたにはもっとも良いことをしてもらう権利があるよ

　子どもの権利条約では、守らなくてはならない基本的な考え方
として４つのことを決めました。その１つが、この条文の「子ど
もの最善の利益」です。つまり、子どもに関係するあらゆる活動
や計画、法律において、子どもにとってもっとも良いことはなに
かを考えなくてはならないということです。

　たとえば、あなたの親が離婚することになったとき、あなたが
父親のもとで暮らすか、母親のもとで暮らすか、祖父母のもとで
暮らすか、児童養護施設で暮らすかなどということを、おとなの
都合ではなく、あなたの気持ちもきちんと聞いたうえで、どの方
法が一番あなたのためになるかということを考えて決めるという
ことです。

　あるいは、あなたが親から虐待を受けているときに、児童養護
施設で暮らすこと、親戚のもとで暮らすこと、里親のもとで暮ら
すことなどの選択肢の中で、あなたにとってもっとも良いことは
どれかということを考えて決めることともいえます。

　いずれにしても、一人ひとりの子どもがおかれた状況において、
その子どもにとってもっとも良いことはなにかを考えて行動する
ことが決められたのです。

## ⭐ もっとも良いことをしてもらうためにどうすればいいの?

　このように、子どもにとって「もっとも良い」選択ができるよう
になるために、この原則にそって法律や社会を変えていく必要が
あります。おとなにはその責任があるので、まずあなたは、その

第1章

第2章

第3章

第4章

第5章

子どもの生きる権利

ことを知っておいてください。

　たとえば、条約の第３条は、政府が、十分な数の保育園の先生や児童養護施設の職員を準備するということも意味します。子どもの声を聞きながら子ども主体の保育や養育をするためには、たくさんの先生や職員が必要だからです。子どもの声を聞いてもらえるように職員を増やしてほしいと声をあげることができます。

　身近な問題でいうと、学校の校則にほんとうに子どもにとって「もっとも良い」ことが書かれているかどうかという基準で見直していくこともできるでしょう。今、多くの学校で見直しが始まり、生徒が調査をして生徒にとってつらい校則を変えていく学校も増えています。

　また、約34万人\*¹もの不登校の子どもがおり、学校に行けないことで苦しんでいる子どもたちの多くが自死を考えています。これまで、これを学校に行けない子どもの問題ととらえてきましたが、子どもにとって「もっとも良い」ことはなにかを考えていない学校や政府の側に責任があるのではないかという見方がされるようになってきました。子どもにとって楽しい学校づくり、子どもの声が尊重される学校づくりをしていくことが子どもの最善の利益を考えていくことになるでしょう。

\*1 「令和5年度児童生徒の問題行動・不登校等生徒指導上の諸課題に関する調査結果」(文科省)

第1章　子どもの生きる権利

子どもの権利条約

第6条

生命への権利、
生存・発達の確保

こども基本法 第3条第2項
SDGs 1

# 子どもには、生きる権利がある

## ★ 子どもにこんなことが起きている

　開発途上国では、治療可能な病気なのに治療してもらえずに亡くなる子どもがたくさんいます。肺炎、下痢、マラリアは治療可能な病気ですが、ユニセフによると、世界で500万人の子どもが5歳の誕生日の前に亡くなっています。

　医療サービスがととのっていて、病気の子どもを治療したり予防したりできる環境にある日本では、治療可能な病気で命を落とす子どもの数は多くはありません。しかし、自ら命を絶つ子どもの数は、海外よりも日本の方が多くなっています。10代20代の亡くなる原因のうち、もっとも多いのが自殺となっているのです。

　自殺した18歳未満の子どもの数は、コロナ禍が始まった2020年は前年と比べて100人増え415人となり、2022年には514人で過去最多となりました。その内訳は、高校生の352人（前年比38人増）がもっとも多く、全体の7割を占めました。中学生は143人（同5人減）、小学生17人（同6人増）でした（厚生労働省）。おとなの自殺者数が減っているのに対し、子どもの自殺者は増えています。2023年は513人ですが、同じくらいです。

　以下は、電話でSOSを発信する子どもたちの声です（チャイルドラインの2021年報告書）。

　「最近、死にたいとか消えたいとか思う。親に怒られるし友達

第1章
第2章
第3章
第4章
第5章

子どもの生きる権利

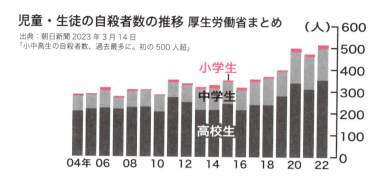

も冷たい。なんで生きているんだろう」「死にたい気持ちが強くて学校でもいろいろあった。どうすればいいかわからない。死にたくてたまらない。助けて」

そして、コロナ禍になってから、自分の身体を傷つける自傷行為というものも多くなり、やめたくてもやめられない子どもからの相談も増えています。

「いやなことがあったときとかに手首を切ってしまう。最近はいやなことがないのに切ってしまう。やめたいけど」

日本では、夏休み明けの９月１日前後に自殺数がもっとも高くなりますが、夏休みの終わりが近づいてくると一人で悩む子どもが多くなります。NHKが行なった調査によると、自殺をした子どもが検索した言葉で一番多かったのが、「死にたい」ではなく、「学校に行きたくない」という言葉でした。

## ★ 子どもにはこんな権利があるよ

条約の第６条で、子どもには生きる権利があることを定めています。

貧しい家庭の子どもが十分な支援を受けられず、病院に行けなかったり、医師や保健所が不足していたりする状況にあれば、国

などにそれらの問題を解決してもらう権利があります。もし国が紛争などできびしい状況にあれば、国際協力によって支援される権利があります。

また、いじめなどによって、学校に行けず、死にたくなってしまったときは、あらゆるサポートを受ける権利があります。[*1]

## ★ 学校に行くのがつらいときは、無理に行かなくてもいい

こんなふうに悩んでいる子どもに向けて、8月から9月初めにかけて、「#学校ムリでもここあるよ」というキャンペーンが毎年実施されています。

学校に行けなくてつらい思いをしている子どもたちに、学校に行くのが無理でも、日本中にフリースクールや居場所カフェ、プレイパーク(83ページ)、子ども食堂(71ページ)があるからそこに行ってみてと呼びかける活動です。第28条でくわしく説明しますが(72ページ)、あなたには、学校以外のさまざまな方法で学べる権利があります。

今までつらい気持ちを聞いてもらえなくて、自分には価値がないと考えるかもしれません。そんなことは全然ありません。あなたとつながりたいと考えているおとなたちは、たくさんいます。

あるとき、親から虐待を受けて、薬をたくさん飲んだ経験(オーバードーズ)のある子どもが、子どもの保護施設に滞在しているときに、こんなふうに話したそうです。

「今は死にたい気持ちはない。いろんなおとなに話をちゃんと聞いてもらって、世の中悪い人ばかりでもないなって思った」[*2]

いきなり学校以外の場所を訪ねることがむずかしかったら、チャイルドラインに電話をかけたり[*3]、弁護士さんにLINEでチャット[*4]して相談してみてください。

---

*1　いのち SOS：0120-061-338（24時間対応）
*2　山口有紗さんのお話 2022年8月28日わかもののまち×シーライツ共催ミニシンポジウム
*3　チャイルドライン　0120-99-7777（16:00〜21:00）
*4　弁護士会 LINE 相談　https://peraichi.com/landing_pages/view/bkls2020/

第1章
第2章
第3章
第4章
第5章

子どもの生きる権利

第2章　子どもが日々すくすくと育つ権利

| 子どもの権利条約 | 第5条 |
|---|---|

### 親の指導の尊重

こども基本法 第3条第5項、第4条、第5条
SDGs 1、2、4

# 子どもが権利をつかうとき、おとなから適切なサポートをしてもらえるよ

第1章
**第2章**
第3章
第4章
第5章

子どもが日々すくすくと育つ権利

⭐ 子どもたちにこんなことが起きている

あなたの親や学校の先生、まわりのおとなからこんなことを言われたことはありませんか。

「ゲームばかりしないで勉強しなさい」とか「口答えしないで言うこと聞きなさい」とか。

あなたの話も聞かずに、一方的に命令されたり、言われたことがおかしいと思って、意見を言ったりすると、怒られたり、無視されたりするということはありませんか。

⭐ **あなたには、こんな権利があるよ**

子どもが子どもの権利条約に書かれている権利をつかうときは、親や保護者から適切なサポートをしてもらう権利があります。おとなは子どもの成長にそって、きちんと示したり、導いたりする責任があるのです。

そして指導には、大切なポイントが3つあります。[*1]

❶ **「指導」とはサポートすること**

おとなが子どもに「指導」をする、と聞くと、おとなは子どもの意思や権利を制限しても良いようにも思えますが、そうではありません。ここでいう「指導」は、「サポート」をする、という意味です。大切なことは「子どもが権利をつかうこと」に対してのサポー

トをするということです。

**❷ 子どもは、自分の能力に応じたサポートを受けられる**

　あなたの能力は、毎日ぐんぐん発達しています。まだ言葉を話せない小さな子どもであっても、一人の人間として子どもの権利をつかうことができます。

　ですから、おとなは、子どもの年齢や発達状態に応じたサポートを行なう必要があります。小さいから、どうせ聞いてもちゃんと答えられないから一方的に指示をしてもいいんだ、という考えをもってはいけないのです。

　あなたは、自分の気持ちをどんなふうに表現したらいいかがわからないときがあるかもしれません。そんなとき、自分の気持ちを表現しやすいようにおとなに話をじっくり聞いてもらったり、おとなに「こういうことなの？」と確認しながら聞き取ってもらう権利があるのです。

**❸ おとなから子どもへの指導は、ふさわしい方法で行なわないといけない**

⭐ **子どもはやさしい方法でおとなにサポートしてもらえるよ**

　子どもが自分の権利をきちんとつかえるように、おとな（親などの保護者）は「ふさわしい方法で」子どもをサポートしなくてはなりません。では、「ふさわしい方法」とはどういうことでしょう？　おとながすべきことを書くのでみなさんは知って役立ててください。

**❶ 命令する言い方やひどい言葉をつかうこと、たたくやり方はだめ**

　・子どもが傷つく言葉や暴力ではなく、やさしい言葉や絵をつかって教える。

**❷ おとなが、子どもの意見や子どもの社会参加の大切さを理解し、大切に思うこと**

第1章

第2章

第3章

第4章

第5章

子どもが日々すくすくと育つ権利

031

- 子どもの意見を大切に考え、子どもまんなかの話し方をすること。
- 子どもは経験がないから社会に参加できないと決めつけないで、年齢にかかわらず、子どもが望めば参加できると考える。

子どもが自分で決めてもいいということをおとなが理解し、子どもの決める能力を引き出すことが大切です。

❸ 教育の目的（第29条1項）に合っていること
- 国連子どもの権利委員会は、子どもをエンパワーする（自らの力を発揮できる）ような子どもまんなかの教育が必要だと言っています。あなたがおとなにしてもらうサポートも、自分の力をつかって自信がつく方法でしてもらえます。

★ 国や行政やおとなにこんなことをしてもらおう！

　第5条は、国が親や保護者のサポートをすることも大事だと定めています。国は子どもにとってふさわしい指導をおとなができるように助けないといけないのです。ですから、国は子どもが権利をつかうために、おとなが学び、子どもをサポートできるようにする必要があります。また、子どもは、おとなが学ぶための講座などを自治体に求めることができます。

＊1　子どもの権利条約約5条に関する子どもの権利委員会の声明

第2章　子どもが日々すくすくと育つ権利

## 子どもの権利条約　第7条

### 名前・国籍を得る権利、親を知り養育される権利

こども基本法 第3条、4条
SDGs16.9

# 子どもには、生まれたら登録され、名前と国籍をもつ権利があるよ

## ⭐ 海外では子どもにこんなことが起きている

　子どもの国籍とその存在を公式に認める出生登録（しゅっしょうとうろく）が役所に出されないと、子どもは法的に存在していないことになります。そのため、学校に通う年齢になってもほんとうの年齢がわからないため、学校に通うお知らせが届かず、必要な教育が受けられないことがあります。

　また、被害者の年齢によって処罰の重さが変わる犯罪（人身売買や性的虐待など）のばあい、被害者の正しい年齢がわからないために、加害者が正しく罰せられない可能性もあります。そこで、子どもにとって不利益な状態をなくすために、子どもの権利条約が採択されて以降、各国でユニセフなどを中心に出生登録を進める動きが起き、出生登録制度をつくるための国際的な支援が行なわれました。

　カンボジアは、その支援によって出生登録をする赤ちゃんが増えた国の1つです。

## ⭐ 日本では子どもにこんなことが起きている

　日本には、国籍をもつ権利が奪われ、無国籍（＝国籍がないこと）の子どもが数多くいます。無国籍の子どもが成長し、留学をしたり海外に行きたいと思ったとき、無国籍者はどの国とも法的なつ

第1章
第2章
第3章
第4章
第5章

子どもが日々すくすくと育つ権利

033

ながりがないため国籍を得ることがむずかしく、海外に行くためのパスポートをつくれません。

　そのほかにも、国籍がないと、教育や医療を受けたり就職や結婚をする際に、さまざまな制約を受ける可能性が高く、これらを自由に選択して生きていくことがむずかしくなります。

　日本で無国籍の子どもが多くなっている理由の１つは、外国ルーツの親から生まれる子どもが増えたためです（39ページ）。

　また、法律（民法）の問題もありました。離婚したお母さんがその後に新しいお父さんと結婚して子どもを生んだばあい、離婚後300日以内に生まれた子どもは、前のお父さんの子どもだと考える法律（改正前の民法772条）[*1]がありました。このため、実際は新しいお父さんとの子どもであっても、新しいお父さんの子どもとして登録することができなかったため出生届を出せず、無国籍になってしまう子どもがいたのです。

　ほかにも、望まない妊娠をして生まれたとき、親がネグレクト（子どもを育てる責任をもつ人が子どもに必要な世話をしないで放置すること）して、出生届を出さないことや、飛び込み出産で出産届が出[*2]されないこともあります。

##  あなたには、こんな権利があるよ

### ❶ 出生登録をしてもらう権利
子どもは生まれたあと、すぐに国に出生登録してもらう権利があります。日本では赤ちゃんが生まれたら、「出生届」を出すことになっています。これにより、両親の戸籍に記載され、子どもが生まれたことが法律上認められます。

### ❷ 名前をもつ権利
子どもは、生まれたら名前をつけてもらう権利があります。孤児として生まれた子どもなど、なんらかの理由で親に名前をつけてもらえなかった子どものばあいは、国（市区町村長）が親に代わって名前をつけます。

### ❸ 国籍をもつ権利
子どもは、生まれたら国籍をもつ権利があります。国籍とは、その国の人であるという資格のことです。

### ❹ 自分の親を知る権利
子どもは、自分の親を知る権利があります。社会にはなんらかの理由で、血がつながる親と離れて育つ子どもがいます。大きくなって自分の実父母を知りたい、と子どもが思ったときは、国や行政はそれを助ける責任があります。ただ、いろいろな事情で助けることができないばあいもあるため、できるかぎり子どもの知る権利が尊重され、自分自身の情報にアクセスできるようにしてもらうことが大切です。

### ❺ 自分の親に養育される権利
子どもは、できるかぎり自分の親に育てられる権利があります。また、これ以上子どもが無国籍とならないようにするため、無国籍となっている子どもに1日も早く国籍が与えられるように、国籍が与えられるしくみを、政府に求めることができます。

*1 離婚後300日以内に生まれた赤ちゃんであっても、再婚した後に生まれたばあいは、新しいお父さんの子どもとする法律が2024年4月からつかわれるようになりました。
*2 妊娠しても産婦人科に行かず、陣痛が来て初めて病院に行って行なう出産のこと。近くに赤ちゃんを産める病院が見つからない出産難民の女性がこの問題に直面することもある。

第2章　子どもが日々すくすくと育つ権利

## 子どもの権利条約　第8条　アイデンティティの保全

こども基本法 第3条
SDGs 16

# 子どもには、自分のアイデンティティを守る権利があるよ

### ★ 子どもの名前・国籍にこんなことが起きている

第1章
第2章
第3章
第4章
第5章

子どもが日々すくすくと育つ権利

　みなさんは、自分のアイデンティティについて考えたことがありますか？

　「アイデンティティ」とは、さまざまな内容をふくむ言葉ですが、名前・国籍・親子関係だけでなく、あなたのルーツや文化的背景もふくみます。どんな名前をもち、誰から生まれ、国籍はなにか。生まれ育った国の言葉や文化はどんなものなのかということです。

　アイデンティティは「これが私だ」と言えるような、自分を形づくるうえで中心となる大切なものです。子どもが自分のアイデンティティを知り、それを大切にすることは、子どもの成長、とくに自信をもつことにつながります。

　もし、あなたの知らないうちに自分の苗字が変わるとしたら、どう感じるでしょうか。あなたのお母さんが再婚すると、あなたも新しいお父さんの苗字に変わる可能性があります。でも、相談もされず急に名前が変わったら、なんだかいやな気持ちになるかもしれませんね。

　では、自分の国籍を奪われるのは、どういうばあいでしょうか。社会には、2つ以上の国籍(二重国籍)をもつ人がいます。たとえば、親が日本人でも、海外で生まれた子どもは、日本国籍と外国籍の2つの国籍をもつことがあります。オーストラリア・フィリ

ピン・ニュージーランドなどは二重国籍制度を認めているからです。でも、日本では国籍を1つしか認めていないため、二重国籍の子どもは22歳になるまでに、いずれかの国籍を選ぶことになります（国籍法13条）。そして外国籍を選んだばあいは、生まれたときにさかのぼって日本国籍を失います（国籍法12条）。

また、日本人の親をもつ海外で生まれた子どもは、生後3ヵ月以内に日本国籍を留保するための届出を出さないかぎり、日本国籍を失ってしまうという法律があります（戸籍法104条）。このため、子どもが、「ほんとうは日本国籍がほしかった」と大きくなってから思っても、日本国籍を得られないというばあいがあるかもしれません。

国籍を選ぶとき、おとなは子どもの意見を聞き、それを大切にする必要があります。いずれかの国籍を選ばなくてはならないときは、子どもが内容を理解し自分の意見を言えるようになるまで日本国籍をもてるしくみがあるといいのではないでしょうか。

また、2つの国籍が自分のアイデンティティであり両方とももち続けたい、という子どもの気持ちを大切にする必要もあります。いずれも、子どもの最善の利益を考えてしくみを見直すことが大切だと思います。

あなたには、こんな**権利**があるよ

　第8条は、子どもが自分のアイデンティティを保つことを権利として定めています。

　もし、子どものアイデンティティが違法に奪われてしまったら、政府はそれを取り戻すためのサポートをしなければなりません。あなたがもつ権利と同時に、おとなにはこのような責任があることを知っておいてください。

　名前は子どものアイデンティティの1つなので、どんな理由で名前が変わろうと、子どもは事前に自分の気持ちや意思を伝えることができます。名前を勝手に変えられないようにするため、第8条にもとづき、新しい苗字はいやだと言うことができますし、おとなは事前に子どもの気持ちを聞く必要があります。

 子どもには「**自分のルーツ**」を知る**権利**があるよ

　また、幼いときに養親や里親に引き取られたり、児童養護施設などで育つ子どもがいます。すべての子どもは、自分のルーツ（血がつながった親や兄弟姉妹・祖父母や、育った環境などの出自）を知る権利があります。

　そこで、親の代わりに子どもを育てているおとなには、真実告知といって、子どものルーツを知らせる義務があります。自分のルーツを知ることは、子どものアイデンティティにとってとても大切なことですが、デリケートな問題なので、なるべくなら隠し通したいと思うおとなもいるかもしれません。

　しかし、真実を伝えることは、子どもの権利を尊重することでもあります。子どもは、おとなとの信頼関係の中で、真実を伝えてもらう権利があるのです。

第2章　子どもが日々すくすくと育つ権利

子どもの権利条約　第9条

親からの分離禁止と分離のための手続

こども基本法 第3条第5項
SDGs16

# 子どもには、親から引き離されない権利があるよ

 **子どもにこんなことが起きている**

　日本では、日本に住む許可(在留許可)をもたない外国ルーツの子どもたちがつらい思いをしています。

　Kさん(15歳)のお父さんお母さんは、日本に住んでもいいという資格(在留資格)をもっていなかったために、生まれた国へ無理やり帰国させられて、Kさんは親と離ればなれで暮らすことになってしまいました。

　日本に住む外国人には、それぞれの事情があります。日本に長い間住み、社会に深く溶け込んでいる外国の親子もたくさんいます。にもかかわらず、それらの事情を考慮せずに、収容施設に長期間収容されたり、強制送還(無理やり送り返すこと)されることがあります。親が収容されたり強制送還されて取り残された子ども

お父さんがとつぜん国に返されていなくなりました。力が抜けて、その日からもうなにもしたくなくなりました

039

は、親と一緒に暮らす権利を奪われ、家族をバラバラにされ、将来への希望だけでなく、生きる力すら奪われます。たとえば、あるクルド人(92ページ)の女の子は、幼いときに両親とともに来日しました。国で迫害されて逃れてきたので、日本で難民として認めてもらえるように申請しました。でも、難民として認められなかったため、お父さんは施設に収容されてしまいました。お父さんと離れて暮らす女の子は、「小学校2年生のときに「お父さんを返して」と訴えました。このような子どもたちには、親と安心して暮らす権利が守られていません。

## ⭐ あなたには親と一緒に暮らす権利があるよ

　第9条は、すべての子どもに、親と一緒に暮らす権利を定めています。

　親や家族と一緒に暮らし、守られ大切に育てられることが、子どもにとってもっとも良いことだからです(子どもの最善の利益)。そのため、子どもが親と離れて暮らすためには、親から引き離すことが子どもの最善の利益になるという理由があり、かつ裁判所などによって、法律や正しい手続きにのっとって行なわれる必要があります。

　そして、手続きをするときには、かかわるすべての人の意見を聞く必要があります。あなたの両親だけでなく、あなた自身の気持ちも聞いてもらえます。どう思うのか、どうしたいのかなど、あなた自身の意見を聞くことで、子どもの最善の利益にそった判断をすることができるからです。

　具体的には、親による虐待やネグレクト、親の離婚や別居、そして親または子どもの入院や医学的理由によって別々に暮らすことが必要なときには、子どもは親と離れて暮らさなければならな

くなります。

##  あなたが親と離れて暮らすときの子どもの権利って？

まず、あなたが両親のどちらか一方と、または両方から離れて暮らすばあい、あなたは定期的に親と会う権利があります。

親と離れて暮らしていても、子どもにとっては大切な親ときずなを断つことなく親子のコミュニケーションを取り続けることが、あなたの気持ちの安定につながります。

子どもが法に触れて留置場や少年鑑別所[*1]に入れられていたり、児童自立支援施設[*2]に入っているときでも、子どもは親と会ったり交流をする権利があります。原則として週１回、少なくとも月１回は家族と会うことができます。また、少なくとも週２回は手紙や電話で連絡をとることができます。

ただし、子どもにとってもっとも良いことではないと判断されたばあいには、親と会うことは認められません。たとえば、虐待をしていた親が子どもと会うことを望んだとしても、子どもにとって危険だと判断されれば会うことはできません。

##  困ったときどうすればいいの？

39ページの事例のような子どもから親を引き離す政策は、親から離ればなれになることを禁止する第９条に反しています。たとえ親に在留資格がなくても、子どもに責任はありません。子どもの権利にくわしい弁護士さんや、日本に移り住んできた人々を支援しているNPO[*3]に相談してみましょう。また、みなさんが声をあげて、支援する人びとと一緒に法律や制度を変えていくこともできるかもしれません。

---

*1 留置場とは、逮捕されたあとに滞在する警察署の中にある場所のこと。少年鑑別所は、その後に収容される場所。
*2 児童自立支援施設とは、犯罪などの不良行為をしたりするおそれがある児童や、生活指導が必要な子どもを入れたり通わせたりし、必要な指導を行って自立を支援する施設
*3 相談先：移住連（移住者と連帯する全国ネットワーク）https://migrants.jp/index.html

第2章　子どもが日々すくすくと育つ権利

子どもの権利条約　第10条　家族再会のための出入国

こども基本法 第3条
SDGs 16

# 子どもには、別の国で暮らす親と会う権利があるよ

## ⭐ 子どもにこんなことが起きている

　フィリピン人の女の子のRさん（小4）は、日本でおばさんと暮らしています。両親は、1年前に政府から国外に出るよう言われ、フィリピンに戻らなくてはならなくなったからです。Rさんは日本で生まれ育っているのでフィリピンの言葉はわからず、友達はみんな日本人です。そのため、一人で日本に残ることにしました。でも、お父さんお母さんに会いたいと思っています。ところが、両親はまだ日本に入国することができないため、さびしい日々を送っています。

　世界には、親と同じ国に住めない、子どもがいます。子どもと親が別々の国に住むことになってしまった理由はさまざまです。戦争や災害があり、親や子どものどちらかがほかの国に逃れて難民となってしまった、親が出稼ぎをするためにほかの国に移り住んだ、そして、Rさんのように住んでいる国から親が出ていくことを命じられてしまったなどが理由です。

## ⭐ あなたには、こんな権利があるよ

　第10条は、親と別の国に住んでいる子どもが親と再会するために、自分の国を出て親が住んでいる国に行きたいと申し込んだときには、そのために必要な手続きを国は、積極的にすばやく行

なうことを定めています。そして、そのような申し込みをした子どもやその家族に対して、困ったことが起きないようにしなければなりません。多くの子どもにとって、家族は、すこやかに育つために大切なものだからです。

　また、子どもは別の国に住む親と、定期的に交流する権利があります。ほかの国に住む親に会いに行ったり、親が子どもの住む国に会いに来たり、電話やメール・手紙のやり取りなどを通じて、親子の時間をつくることが権利として認められています。

　多くの子どもにとって、親と一緒に過ごすことが子どもにとって一番良いことなので、家族と会うために国を出たり入ったりすることが認められないのは、親と会うことで子どもが危険な目にあうなど、子どもの最善の利益に反するときや、ほかの人の権利を侵害するときだけです。

　子どもが親と一緒の時間を過ごすために出入国したいと申請したら、国は積極的に、思いやりをもって、早い方法で対応しなくてはならないと第10条は定めています。

　しかし、日本政府はこの条文に定められている子どもからの申し込みへの対応については、申し込みに対する審査について定めているものであり、審査の「結果」とは関係ないと考えています。

ほんらい、政府は、批准した国連の条約に従って、その国の法律を改めたり、新しく法律をつくったりしないといけません。しかし、そうしない政府の態度は、国連の条約よりも、政府の法律の方が上であるとみなし、勝手な考え方をしてもいいということにつながります。そのため、このような態度を改めるよう、政府は国連子どもの権利委員会から勧告を受けています。

　また日本には、強制退去になった後、１年間は日本に入国してはいけないという法律があります。子どもにとって親と１年間も会うことを禁止されるのは、とてもつらいことです。なるべく子どもが離ればなれになった親と会えるようになるといいですね。

## ⭐ 困ったときどうすればいいの？

　第10条は、子どもには親と交流する権利があると定めています。離れて暮らす親とも交流することで、自分はその親から愛される大切な存在なんだ、と感じることができ、こころが安定し、自己肯定感が高まることにつながります。

　また、子どもが親が育った国の言葉や文化を知ることは、子どもの可能性を広げてくれるでしょう。

　あなたが親と交流したいと思ったら、それをまわりの人や弁護士さんに相談しましょう。自分の正直な気持ちを伝え、その気持ちを大切にしてもらいましょう。おとながおとなの都合で勝手に子どもとの交流を決めるのではなく、いつ、どこで、１年に何回会いたいのかなど、子どもの気持ちを大切にして決めてもらうことができます。子どもによっては、別の国で暮らしている親と会いたくないと思っていることもあるでしょう。そうした思いを伝えられるようにするといいですね。

第2章　子どもが日々すくすくと育つ権利

子どもの権利条約　第11条

## 国外不法移送・不返還の防止

こども基本法 第3条
SDGs 8.7、16.2

### 子どもには、勝手に別の国へ連れ去られない権利と、前に住んでいた国に戻してもらう権利があるよ

 **子どもにこんなことが起きている**

　フランスに住んでいる11歳のＪさんは、日本人のお母さんとフランス人のお父さんが離婚することになり、お母さんが日本へＪさんを連れて帰ることになりました。Ｊさんにとっては生まれ育ったフランスの方が、言葉もわかるし、友達もいます。お母さんも好きだけど、お父さんともう会えなくなるのかと思うとさびしい気持ちです。日本で暮らすということがどういうことなのかもよくわからず、お母さんは自分のそんな気持ちをあまり聞いてくれていないような気がしています。

 **あなたには、こんな権利があるよ**

　国は、子どもが勝手に一方の親によって別の国に連れ去られないよう、また住む国に戻ることができるよう取り組まなければなりません。そのため、ほかの国と取り決めをし、協力し合います。
　日本がほかの国と結んだ協定の1つに、ハーグ条約があります。
　ハーグ条約とは、一方の親が別の国へ子どもを連れ帰ったときに、国どうしが協力して子どもを前に住んでいた国にすぐに戻るようにすることを定めた取り決めです。子どもの権利条約の原則である「子どもの最善の利益」を一番大切にしています。
　そのため、別の国に連れ去られたときは、なるべく子どもに悪

045

い影響がおよばないように子どもが暮らしていた場所にすぐに返すよう定めています。今まで暮らしていた国で子どもがもつ友達関係やさまざまなつながりから引き離されるのは、子どもにとってもっとも良いことではないからです。

どのような事情があろうと、子どもが住んでいる国から別の国に連れて行くばあいには、親は子どもにとって一番いいことはなにかということを考え、子どもの気持ちや意見を聞く必要があります。

一方で、住んでいた国で紛争が起きていたり、一緒に暮らしていた親から虐待を受けていたばあいには、子どもを元の場所に戻すことで子どもに悪影響がおよぶ危険性があるので、特別に元の場所に返さなくても良いとされています。

### ★ 子どもの最善の利益ってなに？

子どもを元の国に戻すかどうかを決めるのは、子どもが連れて行かれた国の裁判所です。また、子どもがこれからどちらの親と住むのか、どちらの国で暮らすのかを決めるのは、子どもがこれまで暮らしていた国の裁判所です。どちらの裁判所も、子どもにとってもっとも良いことを第一に考えます。

子どもの利益を考えるときには、２つの大切な視点があります。

1つ目は、家族とのきずなです。子どもがどちらかの親と別の国に移り住むと、残された親とのきずなが絶ち切られてしまいかねません。また、子どもと別の国に移った親が元の国に帰ることがむずかしい理由があるばあいに、子どもが元の国に戻ると、今一緒にいる親とのきずなが断ち切られてしまいかねません。どちらのばあいも、家族との絆をどのように保つのがいいのかを考える必要があります。子どもに危険がおよばないばあいは「子どもが親と交流する権利」を守る視点が大切です。

　2つ目は、子どもが安定した環境で育つようにすることです。別の国に移ったあとに子どもが新しい環境になじんでしまったばあいには、元の国に返すとまた一からやり直すことになり、たいへんです。そこで、精神的にも経済的にも安心できる環境で子どもが暮らせるかという視点も大切です。

　あなたは、これらすべてのプロセスの中で、自分の意見を言うことができます。

 **困ったときどうしたらいいの？**

　日本では、子どもの面会交流が危険ではないかということが心配されています。母親が父親のDV被害から逃れるために子どもを連れて別の国に行く可能性があるからです。

　子どもも暴力の被害にあっていたばあいは、子どもを父親のもとに戻さないことが認められます。しかし、母親と父親がうまくいっていなくても、父親が子どもには愛情をかけて子どもも父親をしたっているばあいもあります。どんなばあいも子どもの気持ちを優先して考えなければなりません。自分の正直な気持ちを親しいおとなに知らせたり、言いにくいときは専門家の「子どもアドボケイト（意見表明支援員）」に話してみましょう。

# 第2章　子どもが日々すくすくと育つ権利

**子どもの権利条約　第18条**

## 親の第一次的養育責任と国の援助

こども基本法 第3条　第4条、第5条、第6条
SDGs 1

# 親は、自分の子どもを育てる義務があるよ

 **子どもにこんなことが起きている。**

　Ｋさん(10歳)のお母さんは保育士です。いつも疲れて帰ってきたあとに、ごはんをつくってくれています。お皿洗いをしたあとはぐったりしているので、話をしたくてもあきらめてしまいます。

　広告会社で働くお父さんが帰ってくるのは、いつもＫさんが寝たあとで、土日も仕事に出かけることがあります。Ｋさんはもっと親に遊んでもらいたいと思っています。

　子どもは、母親だけでなく父親にもきちんと育ててもらえる権利があります。でも、日本には「ジェンダーバイアス」といって、男女の役割についての決めつけた考えがあります。たとえば「子どもを育てるのは母親の役割だ」という考えのために、お父さんが子どもと過ごす時間がとても短くなっています。お父さんがもっと子育てにかかわりたいと思っても、毎日夜遅くまで残業をしなければならないからです。子どもが起きている時間に家に帰れないお父さんもたくさんいます。

　その結果、お父さんの代わりにお母さんが全部一人で子どもの世話をし、休むことができず疲れてイライラしたり、大きなストレスがたまってしまいます。ストレスの中で子育てをし続けると、子どもをたたきたくなってしまうかもしれません。

　そのような状態では、子どもはお父さんやお母さんに気持ちを

きちんと聞いてもらうことができず、理解もしてもらえません。

## ⭐ あなたには、こんな権利があるよ

第18条は、親の義務について次の3つのことを定めています。

❶ 子どもの親（または親に代わるおとな）には、子どもを育てる義務があることです。まずは両方の親が、いつも子どもにとってもっともいいことを一番大切にして子どもを育てなければなりません。

❷ 国は、親が子どもを育てる責任を果たすために、必要なサポートをしなければなりません。たとえば、子どもをケアし保育するための場所（保育園や放課後児童クラブなど）を十分につくらなければなりません。

❸ 国は、働く親をもつ子どもが保育サービスを受けられるようにするために、できるかぎりのことをしなければなりません。両親が働いている間も、子どもが安心して楽しく過ごせる場所をつくらなければならないのです。

これらの子どもの権利を守るために、国、そして会社は、母親だけでなく、父親も子どもを楽しく育てられるようにしなければなりません。たとえば、両親が子どもを育てる時間を十分にもてるよう、夜遅くまで仕事しなくても早く帰れるように会社や政府が考えて取り組まないといけません。

## ⭐ 国や行政やおとなにこんなことをしてもらおう！

あなたは、保育園や幼稚園、放課後児童クラブ（学童保育所など）で自分の気持ちを聞いてもらえてますか。保育士さんや学童指導員の数が足りないために、保育園や学童保育で子どもの声をきちんと聞きながら保育ができているところはまだまだ少ないです。

第1章
**第2章**
第3章
第4章
第5章

子どもが日々すくすくと育つ権利

十分な数の保育士さんや学童指導員さんがいると声を聞いてもらえるね

　どうしてでしょうか。
　保育する子どもの数に対して保育士が何人必要かを決めた基準の人数が、70年以上も前からずっと変わっていなかったからです。[*1] しかし、保育は、子どもの声を聞きながら子どもがやりたいことをやれるようにしようというものに変わってきています。そのためには、もっと多くの保育士が必要です。子どもの数に対して保育士の数がもっと増えるといいですね。
　子どもの気持ちを大切にする保育園では、「遊ぶ部屋」「食べる部屋」「お昼寝をする部屋」などがあり、子どもたちは自分のしたいことをすることができます。こんなふうに自分のしたいことを選べる保育園では、子どもたちが楽しいだけではなく、自分で決めていく力が育ちます。
　学童保育（放課後クラブ）でも、子どもの声を聞いてもらえるようにするために、指導員の数が増えるといいですね。そうすることでおとなが決めたルールに従ったり、おとなが決めた活動に参加するのではなく、子どもが自分たちで決めていけるようになるでしょう。
　そのような楽しい保育園や学童保育になったら、親も安心して預けることができます。
　そのためにも国は、保育士や学童指導員の重要性を認め、もっと保育士や指導員が働きやすくなるようにする必要があります。

*1　2024年から見直されることになりました。

第2章　子どもが日々すくすくと育つ権利

## 子どもの権利条約

### 第20条

## 家庭環境を奪われた子どもの保護

こども基本法 第3条
SDGs 16

# 今いる家庭で暮らすことが
# できなくなった子どもには、
# ほかの場所で暮らす権利があるよ

## ⭐ 子どもにこんなことが起きている

　Mちゃん(10歳)は、前からお父さんにたたかれていましたが、最近、ますますひどくたたかれるようになりました。お母さんもお父さんがこわくて、Mちゃんのことを守ってくれません。なやんだMちゃんは思いきって虐待されたときにかける電話番号189[*1]にかけてみました。そうしたら、児童相談所の人が学校に来て、Mちゃんと話をしました。家に帰ったらまたひどい暴力をふるわれる可能性が高いので、Mちゃんは家に帰らず、児童相談所の中にある一時的に泊まれる場所に行きました。そこで2、3週間生活していると、児童相談所の人から、「お父さんが反省して暴力をふるわなくなるまで時間がかかりそうだから、児童養護施設で生活してはどうか」と聞かれました。

## ⭐ あなたには、こんな権利があるよ

　短い間でも長い間であっても、一緒に暮らせる家族がいなかったり、一緒に暮らすことが子どもに悪い影響を与えるときは、子どもは国に保護されサポートしてもらう権利があります。

　子どもたちが児童養護施設で暮らす主な理由は、親による虐待とネグレクト、親の精神障害があげられます(約70%)。里親のもとで暮らす子どもの約40%が、親から虐待を受けた経験があり

第1章

第2章

第3章

第4章

第5章

子どもが日々すくすくと育つ権利

ます（2018年の厚生労働省の調査）。

　なにより子どもが育つためには、家庭という場で、なるべく同じおとなが一緒に暮らして育てていくことが望ましい、と考えられています。こうした考えから、里親や養子縁組(54ページ)など、家庭環境の中で育てられる子どもが増えました。

　日本では、親と暮らせない子どもの80％近くが今も施設で育てられていますが、里親の制度が整ってきて、里親のもとで暮らす子どもの割合も増えています。つらい体験をした子どもたちが安心して安定した生活ができるようにすること、必要なら専門的なこころのケアを受けられるようにすることが大切です。

　また、国は、家族と暮らせない子どもが安心して生活できる場所をいろいろ用意していますが、子どもが家族と暮らせなくなったとき、どこで子どもが育つことが一番良いのかを、いろいろな角度から考えて決めます。

　具体的には、①施設の中で子どもを育てるばあい(乳児院・児童養護施設・児童自立支援施設など)と、②家庭の中で育てるばあい(養子縁組・里親・ファミリーホーム)があります。

　あなたが生活する新しい場所を決めるときにあなたの気持ちを大切にしてもらう権利があります。知らない場所で、知らない人たちと一緒に生活するとしたら、とても大きな不安を感じるでしょう。そういうときは、今の状況、これから生活する場所のことやそこでのルール、いつまでそこで暮らすことになるのか、学校のこと、親のこと、将来のことなど、あなたが知りたいと思うことについて質問してみてください。おとなには、それを事前に説明して、子どもの不安を取りのぞく責任があります。

　あなたの気持ちをあなた自身の言葉で伝えることが大切です。大事なことをおとなが勝手に決めるのではなく、あなたの意見も

←子ども権利ノート
小学生版
鳥取県令和4年3月

子ども権利ノート→
中高生版
鳥取県令和4年3月

大切にしてもらう権利があります。子どもとかかわる仕事をする人に、あなたの気持ちをしっかり理解してもらって、あなたの気持ちを記録してもらいましょう。

###  困ったときどうすればいいの?

家族から離れて暮らすことになったあなたには、子どもの権利について知ることができるように、「子どもの権利ノート」を渡してもらうことができます。

「子どもの権利ノート」をただ渡してもらうだけでなく、知る権利・意見表明権・プライバシーの権利など、あなたが自分の権利を生活の中でつかえるようになるために、年齢に合った言葉でくりかえし説明をしてもらいましょう。

施設で困っていることを尋ねられた子どもが、「部屋にいきなりおとなの人が入ってくるのがいやだから、カギをかけてほしい」と話しました。この声を聴いた施設の職員は、子どものプライバシーの権利を守ることが大切と考えたため、部屋にカギをつけました。

あなたも施設や里親で困っていることがあったら、児童相談所の人や、信頼できるおとなに話してみましょう。

---

＊1　電話番号189：虐待かもと思ったときなどに、すぐに児童相談所に通告・相談ができる全国共通の電話番号

# 第2章　子どもが日々すくすくと育つ権利

**子どもの権利条約　第21条**

## 養子縁組

こども基本法 第3条、第4条
SDGs 16

# 子どもは、その子にとって一番いいかたちで養子にむかえいれられるよ

### ⭐ 子どもにこんなことが起きている

Hちゃん(0歳)は、生まれる前に父親が行方不明になり、生まれたときにはお母さんしかいませんでした。お母さんはお金を少ししかもっていなくて、しかも病気で長い間、治療を受けています。それで、これから先、Hちゃんをきちんと育てていく自信がありませんでした。そのため、大切に育ててくれる夫婦へ養子に出した方がHちゃんのためになると思い、お母さんは特別養子縁組をすることにしました。

### ⭐ あなたには、こんな権利があるよ

もし親が子どもを育てられなくなったり、今いる家庭で暮らし続けることが子どもにとって良くないということになったときには、子どもは国に守ってもらう権利があります。

その方法として、生みの親のもとで暮らすことができない子どものために、特別養子縁組と里親という2つのしくみがあります。1つ目の特別養子縁組という方法は、生みの親との関係がなくなり、法律上は育ての親だけが親となるしくみです。子どもにとって一番良いと思われることを優先して、子どもと血のつながりのない夫婦が育ての親になるしくみです。

生みの親とは法律上の関係がなくなるので、それがあなたに

とってほんとうに一番良いことなのか、よく考えて、慎重に決める必要があります。

　もう1つの方法が、育てられない生みの親に代わって里親に育ててもらう方法です。里親は、法律上の親にならずに自分の家庭にむかえ入れて養育し、生みの親がまた子育てをできるようになったら子どもを引き取ることが決まっています。

　どちらのばあいにも、あなたは自分がどういう状況かを自治体の担当の人からくわしく教えてもらって、あなたの気持ちを伝えることができます。

　特別養子縁組の親も里親と同じように、一緒に暮らす中で生まれる困りごとや、あなたに生みの親のことなどを伝える時期やその方法など、いろいろなことで悩み、不安を感じています。そこで、養子縁組をした親子が市の職員や先輩の養子縁組をした人たちに相談できるようにすることも、あなたが大切に育てられ、自分の親を知る権利を守ってもらうために大事なことです。

　また、日本国内ではほかの国と比べて養子縁組が少ない一方で、日本から海をわたって養子になった子どもは、2011〜19年の約9年で少なくとも336人います(読売新聞)。

　海外では国際養子縁組をするときにきびしい条件があるのに対

し、日本の子どもは国内の養子縁組と同じ条件で日本から海外への養子縁組ができます。そして、ひとたび「育ての親」となったおとなが日本の子どもを海外に連れ出すには、パスポートさえあればいいのです。

　子どもの性を買うことや臓器を売買することなどを目的にして子どもが国境を超えて養子に出される危険があるため、日本政府は国際養子縁組に対してもっときびしくするしくみをつくることが望まれます。

　国際養子縁組をするときにも子どもの権利が守られるように、1993年にハーグ条約がつくられました。この条約には、子どもにもっとも良いことを優先するという考えがあります。養子縁組とは、子どもに温かい家庭を提供するのが目的であり、子どもをほしがるおとなに子どもを提供するのが目的ではないということです。

　国際養子縁組をするときは、次の2つの条件を満たしていないといけません。

❶ 生みの親がカウンセリングを受けていること。そして国際養子縁組が子どもの最善の利益のためであることを、子どもが暮らす国の政府が証明できること。

❷ 育てる親には養子縁組をする資格があり、育ての親として適切であることを、子どもを受け入れる国の政府が証明できること。

## ⭐ 困ったとき、どうしたらいいの？

　もし、あなたが困ったり、悩んだりしたら、いつでも正直な気持ちを子どもアドボケイトや市の職員に話したり、相談することができます。国内でも国外でも養子縁組される子どもが気持ちを伝え、安心して育つことができるよう、国や社会が支援することが大切です。

第2章　子どもが日々すくすくと育つ権利

子ども
の権利
条　約

第23条

障害児の権利

こども基本法　第3条
SDGs 10.3、11

# こころや身体に障がいがあっても、
# それを理由に差別されることなく、
# 幸せに生きる権利があるよ

## ⭐ 今子どもたちに起きていること

　Mさん(12歳)には、身体に障がいがありますが、近所に住む幼なじみのRさんが通う同じ小学校で学ぶことができました。中学校もRさんと一緒の学校に通いたいと思っていました。けれども、学校から校舎が「バリアフリーになっていない、いじめにあうかもしれない」、という理由で断られてしまいました。

　障がいをもつ子どもも、自分が通う学校を選ぶ権利があります。

　障がいをもつ子どもが通う「特別支援学校」と、障がいのない子どもが通う「普通学校」の、どちらかです。さらに普通学校に「特別支援学級」がありますが、普通のクラスに入るか特別支援学級に入るかも選べます。障がいをもつ子どもが、障がいのない子どもと一緒に学ぶことをふくめ、すべての子どもが国籍や人種、宗教、ジェンダー、障がいのあるなしにかかわらず一緒に学べる教育のことを、「インクルーシブ教育」といいます。

　アメリカでは、重度の障がいをもつ子どもをふくめ、インクルーシブ教育を受ける子どもの割合が、95％です。よほどの理由がないかぎり、障がいをもつ子どもは、障がいのない子どもと共に学び、共に生きています。

　一方で、日本はこのような教育がまだ広がっていなくて国連子どもの権利委員会から政府は子どもにインクルーシブ教育の権利

第1章

第2章

第3章

第4章

第5章

子どもが日々すくすくと育つ権利

を保障するよう注意されています。そこで、これまでの障がいのない子どもだけを対象とする教育システムを見直し、多様な子どもが共に学ぶ権利を保障するしくみをつくる必要があります。

　障がいをもつ子どもが、普通学校に通うことを望んだときは、障がいのない子どもと一緒に学べるようになるために、どんなサポートが必要なのかを、じっくり考えることが大切です。障がいをもつ子どもは特別支援学校に行くべきだ、と決めつけることは、子どもの人権侵害にあたります。

###  あなたには、こんな権利があるよ

　第23条は、すべての子どもは、どんな障がいをもっていようと、ほかの子どもと同じように、安心して自由に生きる権利があることを定めています。

　目が見えなかったり、足が不自由だったり、言葉の遅れがあったり、じっとしているのが苦手だったりしても、障がいがあることを理由に、ほかの子どもと別の扱いを受けることがあってはいけないのです。つまり、障がいを理由に、あなたの同意なく、差別的な対応をとることは許されません。障がいがあっても、ほかの子どもと一緒に育ち、共にいろいろなことにチャレンジし、互

いに刺激しあい、自分の可能性を最大限にいかす機会を得る権利があります。

　また、第23条は、障がいをもつ子どもは、サポートを受ける権利があり、国や自治体は、無料でそのサポートを受けることができるようにしないといけない、と定めています。そして、障がいをもつ子どもが安心して自由に生きるために、国が、世界のほかの国々と情報交換をすることも定めています。

 困ったときどうすればいいの？

　障害者権利条約を批准した後に、障害者差別解消法という法律がつくられました。すべての事業者(会社など)は、障がい者のためにきちんと環境や仕事を用意しないといけないと定めています。

　たとえば、足が不自由な子どもが学校に通えるために、車椅子が通れる自動ドアを設置したり、目が不自由な子どものために、文字を大きくする機械や点字を取り入れたり、ボランティアに助けてもらうことなどが求められています。そして国は、そのためにお金を用意する責任があります。

　もし、あなたが障がいをもっていて、困ることがあればさまざまなサポートを求めてみてください。もし、あなたに障がいがなく、まわりにも障がいをもつ子どもがいなければ、障がいをもつ子どもの思いを想像してみてください。想像することが難しければ、障がいをもつ子どもが書いたり、つくったりした本や動画に触れてみてください。

　障がいを持つ 子どもと共に学ぶことで世界が広くなることもあるのではないでしょうか。そして、障がいをもつ子どもと共に学ぶ学校や彼らと暮らしていける町にするために自分にはなにができるかを考えてみてください。

参考資料
Tokyo Play(2022)『インクルーシブって、なぁに？〜子どもを分けない場づくり　はじめの一歩〜』

第2章　子どもが日々すくすくと育つ権利

子どもの権利条約　第24条　健康・医療への権利

こども基本法 第3条
SDGs 4

# 健康でいられるように必要なケアをしてもらえる権利があるよ

 **子どもにこんなことが起きている**

　まだ身体が十分に成長していない少女が、無理やり結婚させられる国があります。少女たちは望まない妊娠や出産をさせられ、身体が傷つき、命を失うこともあります。

　また、少女が成人になるための「儀式」として、女性性器切除（FGM）という、女性性器の一部を切りとる慣習がある地域があります。

　最近では、日本をふくめ、世界中で子どもがこころの病気で苦しんでいることも問題になっています。Ｎさん(12歳)は、最近、理由もわからず、頭やお腹が痛くなったり、涙が出てきたりするようになりました。インターネットで調べたら、こころの病気になったときに、そういう症状になると書かれてありました。でも、親にはなかなか相談できません。

 **あなたには、こんな権利があるよ**

　第24条は、すべての子どもに、こころと身体が健康でいる権利があることを定めています。

　そのため、病気になったときは、治すために必要な治療を受けることができます。子どもでもこころの病気の治療を受けられます。また、病気にならないようにするための知識を得たり、病気

が悪化しないようにするための予防接種をはじめ、さまざまな保健サービスを受けることができます。

でも、世界の子どもの多くが、安全な水や栄養のある食事が得られず、お医者さんが足りないことなどが理由で、予防できる病気で亡くなっています。

また、第24条は、子どもの健康を傷つけるような伝統的な慣習から守られる権利についても定めています。ですから、早すぎる結婚・出産と女性性器切除(FGM)のどちらも、子どもの健康を害する慣習なので、1日も早くなくさなければなりません。

 困ったとき、どうすればいいの？

あなたが、もし病気にかかったら、病気を理由に、いろいろなことをがまんしてしまうかもしれません。でも、すべての子どもはすこやかに生きるための権利をもっています。あなたのこころと身体が一番よろこぶことについて、以下の点について親や、お医者さん・看護師さんに話してみてください。

❶ **子どもにとって一番良いことを考えてもらう権利**

治療を受けるとき、おとなはあなたにとってなにが一番大切なのかを考えなければなりません。

❷ **安心・安全な環境で生活する権利、病院などで親や大切な人と一緒にいる権利**

あなたにとって安心な場所で、治療を受けることができ、両親などにできるかぎり一緒にいてもらえます。

❸ **必要なことを教えてもらい、自分の希望や意見を伝える権利**

これからどんな治療方法をとろうとしているのか、わかりやすく説明してもらえます。また、治療法について、あなたの希望を伝え、その希望をかなえる努力をしてもらえます。

❹ **希望どおりにならなかったときに理由を説明してもらう権利**

あなたの希望どおりにできないときは、その理由をわかりやすく説明してもらえます。

❺ **差別されず、こころや身体を傷つけられない権利**

病気や障がいなどを理由に、差別されず、こころや身体を傷つけられない権利があります。

❻ **自分のことを勝手に誰かに言われない権利**

病気のことをほかの人に知られたくないときは、あなたの確認を得てからでないと誰かに言ってはいけません。

❼ **病気のときも遊んだり勉強したりする権利**

病気のときでも、できるかぎり遊んだり勉強することができます。もしあなたがこころの病気にかかったときは、遠慮しないで親や保健室の先生に話しましょう。子どももおとなと同じように相談したり治療を受けたりする権利があります。こころの病気にかかっている子どもは、もっと学校でこころの病気について、学ぶ機会を与えてほしいと伝えることができます。こころが疲れたときにどんなことが起き、どう対応すればいいのか、おとなに教えてもらいましょう。

参考資料
医療における子ども憲章 http://www.jpeds.or.jp/uploads/files/20220817_kensho_p.pdf

第2章　子どもが日々すくすくと育つ権利

## 子どもの権利条約　第25条

**医療施設等に措置された
子どもの定期的審査**

こども基本法 第3条
SDGs 16

# 施設で暮らす子どもは、
# 良い扱いを受けているか、
# 定期的にチェックしてもらう権利があるよ

### ⭐ 子どもたちにこんなことが起きている

　Tさん(11歳)は、自分が暮らす施設の職員のYさんから、ひどいことを言われたり、怒鳴られたりすることがあって、傷ついています。でも誰にも話すことができません。ほかの職員に相談しようかと思っていますが、Yさんにそれが伝わって、もっとひどいことを言われたらどうしよう、と心配なのです。

　残念ながら、子どものための施設や里親で子どもが虐待される事例が報告されています。こども家庭庁が担当する子どもの施設等だけでも、2019年度に94の施設など(うち11件は里親とファミリーホーム)で114人の子どもが虐待を受けたことが報告されました。

　施設などでは、いやなことをされたことを誰かに話すと、「仕返しをされるかもしれないし、もしかしたら追い出されてしまうかもしれない、だからほんとうのことは誰にも言わないでがまんするしかない」と考えてしまう子どもがいるのです。

### ⭐ あなたには、こんな権利があるよ

　社会には、虐待から保護されたり、こころや身体を回復させるために、施設や里親で暮らす子どもたちがいます。施設等で暮らす子どもには、きちんとした扱いを受けているか、決められた日にくりかえしチェックしてもらう権利があることを、第25条は

第1章
第2章
第3章
第4章
第5章

子どもが日々すくすくと育つ権利

**子ども**
一時保育所
児童保護施設
などにいる

**アドボケイト**
子どもの話を聞いて
それぞれの施設に
伝えてくれる

| 施設や里親のもとで暮らす子どもの総数 2020年度 …… 42,434人 |
|---|
| ・里親……………………………………6,019人 |
| ・ファミリーホーム……………………1,688人 |
| ・乳児院…………………………………2,472人 |
| ・児童養護施設 ……………………23,631人 |
| ・児童心理治療施設……………………1,321人 |
| ・その他…………………………………7,303人 |

厚生労働省子ども家庭局家庭福祉課
「社会的養育の推進に向けて」2022年3月31日版

定めています。

　定期的なチェックを行なう「施設」には、大きく分けると3つあります。

❶こころや身体を回復させるための施設、❷さまざまなサポートを必要とする子どものための児童福祉施設、❸非行少年が悪いことをして間違っていたことなどを学ぶ施設の3つです。

　こうした施設のようすは、なかなか外からは見えません。決められた日にくりかえしチェックをすることによって、施設で暮らす子どもの権利が守られるようにしようとしているのです。

　チェックをするときには子どもの意見を聞くことと、ふだんからあなたが困っているときにそれらを伝えるしくみがあることが大切です。

　施設などで暮らす子どもは、自分の権利が侵害されたときに相談したり訴えたりできる所を教えてもらう権利がありますが、十分に教えてもらえていません。このことを日本政府は、国連子どもの権利委員会から、なんども注意されています。

　そして、施設などの定期的なチェックは、子どもの意見もしっかり聞いてくれる公平な立場にある人が行なうことが大切です。

　また、虐待があったことを見つけるだけでなく、虐待を防止す

る方法を考えてもらうことも必要です。たとえば、まだ経験の少ない職員や里親が一人で悩まないように先輩からアドバイスをもらえたり、怒りたくなったときはどうすればいいか教えてもらえたりすることです。

　もしあなたが施設で暮らしていて、定期的なチェックをする人がくるばあいは、あなたの気持ちも聞いてもらいましょう。つらいことを話すのがむずかしいと思ったら、紙に書いたり、絵にしたりして伝えてみましょう。子どもどうしの話し合いを聞いてもらって、望んでいることを伝える方法もあるかもしれません。自分にとって一番いい方法で、気持ちを伝えてみてください。

 困ったとき、どうしたらいいの？

　最近では、子どもの声を聴く力がある「子どもアドボケイト（意見表明支援員）」が、施設を訪問することがあるので、あなたの困りごとを話すことができます。

　その人たちは、職員とは違う立場から、一人ひとりに合った方法で子どもの声を聞き気持ちを受けとめ、子どもの声がおとなに届くように、子どもをサポートしてくれます。遠慮したり不安を感じていたら、あなたの思いを子どもアドボケイトに話し、一番いい方法で施設の人に伝わるようにしてくれます。遠慮して言わなかったので、施設の人が今まで知らなかったあなたの思いを知り、子どもにとってもっとも良いことを考え直すきっかけになることもあります。

　子どもアドボケイトの数は多くないので、すべての施設と里親家庭を子どもアドボケイトが訪問して、子どもの声を聞いてくれるようにこども家庭庁に、そのようなしくみをつくるよう、希望を出すといいかもしれません。

第2章　子どもが日々すくすくと育つ権利

## 子どもの権利条約　第26条　社会保障への権利

こども基本法 第3条　第4条　第8条2項三
SDGs 1

# 子どもは、生活するのに困ったら、国からサポートしてもらえる権利があるよ

 **子どもたちにこんなことが起きている**

　カンボジアでは多くのばあい、お父さんが事故にあって働けなくなったときに、役所に行っても助けてもらうことができません。それで、生活のために高い利息を払う借金をしなければなりません。そして、その借金を返すために、また借金をくりかえすことになり、子どもが学校に行けずに働いています。

　日本では、Ｓさん(10歳)のお母さんは、離婚してから毎日昼間はスーパーで働き、夜はレストランで働いています。レストランに行く前にＳさんの夕飯の支度をしに帰ってきますが、すぐに出かけるので、一緒に夕飯を食べることができません。土日は疲れているので、一緒に遊ぶことも、あまりできません。Ｓさんは、仕事時間を減らしてお母さんに早く帰ってきてほしいと思っています。

　日本には困った人を助ける社会保障のしくみがありますが、生活保護などのお金を受け取ることをためらう人がいて、とくにシングルマザーのお母さんの多くがためらっています。

　また、子どもが家族の面倒をみるヤングケアラーについても、助けを求められず、子どもが一人でつらい思いをしていることが多いのです。病気や障がいをもつ親や兄弟がいるときに、自分が面倒をみなくてはいけないと考え、親の看病や介護と家事をこな

して、勉強する時間や遊ぶ時間がなくなっています。親の代わりに、妹や弟の世話をする子どももいます。

##  あなたには、こんな権利があるよ

　子どもは、親が病気になったり、事故にあって働けなくなったり、亡くなったりして生活に困ったときに、国から助けてもらえる権利があります。

　それを第26条で社会保障の権利として定めています。社会保障とは、生活するためのお金を稼ぐことがむずかしい人たちを、社会全体で助け支え合うことです。

　子どもに関係する社会保障のしくみには、困ったときにはお金を受け取れることを定めた生活保護法などの法律や、子どもが生まれたらお金がもらえる児童手当や障がいをもつ子どものための障害児福祉手当があります。

##  シングルマザーの子どもの権利

　また、日本はほかの国と比べ、子どもにつかわれる予算がとても少ないという問題があります。今、日本の子どもの７人に１人が貧困に苦しんでいます。とくに、シングルマザー（母子家庭）の

子どもの貧困率は、ほかの国よりも高くなっています。

日本のシングルマザーの80％以上が働いています。けれども、家事や子育てをしながら働かなくてはならないため、不安定で低い給料の仕事にしかつけないことが多いのです。

そうなると、いくつかの仕事をしながら働かざるをえず、子どもと過ごす時間がなくなったり、子どもに家事をたのまなければなりません。

シングルマザーが働き続けてもお金が足りない問題は、女性差別や古くからある家族はこうあるべきという考え方にもかかわっています。このような考え方が強いと、ほんとうは支援を受けられるのに、社会の冷たい目がいやで、生活保護を受けない女性も多いのです。その結果、子どもが親とゆっくり過ごす権利や、栄養ある食事を十分にとる権利などが奪われているといえます。

## ⭐ 困ったら、どうしたらいいの？

困っているときには、親に話して、生活保護や児童扶養手当を申請してもらいましょう。そのため、国は、生活保護を受けやすくしたり、児童扶養手当の金額を増やすことで、子どもが安心して暮らすことをサポートすることが大切です。また、子どもの権利を守るためには、シングルマザーのお母さんが正社員になれたり、お給料を男性と同じように高くすることも必要です。

どんな子どもでも生活していくお金が足りないために、お腹がすいたり、病院にかかれなかったり、進学できなかったり、親と楽しい時間をもてないなど、つらい思いをしないように、子どもが社会保障を受ける権利を主張できる社会にしていけたらいいですね。

第2章　子どもが日々すくすくと育つ権利

| 子どもの権利条約 | 第27条 | 生活水準への権利 |
| --- | --- | --- |

こども基本法 第3条、第4条、第8条第2項三
SDGs 1、2、6、7、11

# 子どもには、こころと身体が健康に暮らすために必要なものを十分与えてもらう権利があるよ

## ⭐ 子どもたちにこんなことが起きている

　Rさん(12歳)は、いつもお腹をすかせています。お金がなくて、朝ごはんを食べることができず、夜に菓子パンをコンビニで買って食べるだけです。お母さんは働いていて家にいないことが多く、お父さんはほとんど家に帰ってきません。給食が、栄養ある食事をとれるわずかな機会ですが、夏休みなど学校が休みのときは給食が食べられなくて、力が入りません。

　世界には、食料が不十分でトイレもない中で、貧困状態におかれて暮らす子どもやおとなが6億7400万人います。

　日本でも、1日3回の食事を十分にとれなかったり、病気になっても病院に行くことができなかったり、電気代を払えず、冬でも暖房をつけることができずに寒さに震えている子どもたちがいます。そのような状態では、勉強に集中することができません。

　また、友達と遊びに行くお金に困って友達と遊ぶことができない子どもや、お金の問題で高校に進学できない子どももいます。

## ⭐ あなたには、こんな権利があるよ

　第26条で、子どもの社会保障を受ける権利について学びました。第27条も、どんな子どもにも、ひどい貧困状態から抜け出す権利を定めています。

第1章
第2章
第3章
第4章
第5章

子どもが日々すくすくと育つ権利

069

　子どもには、こころと身体が健康に成長するのに十分なレベルの生活をする権利があります。子どもが安心して暮らすために最低限必要な、食べ物や服、そして住む場所が与えられるのです。

　親や親に代わる人は、子どもが十分なレベルの生活を送れるようにします。もし、できないときは、国が代わりに親や親に代わる人をサポートしなければなりません。そのとき国は、あらゆる方法を最大限につかう必要があります。

　子どもはとくに、栄養のある食事や清潔な服、そして安心して暮らせる場所を与えられる権利があります。安心・安全に暮らせる場所は、身体だけでなくこころの健康のためにも大切です。

## ★ 別の国に住む親の責任

　子どもに対して責任がある親が別の国に住むようになったとしても、子どもに対する責任をきちんと果たすよう、国はしくみをつくらないといけません。そのためには、ほかの国と協定を結んで協力し合う必要もあります。

　親が離婚をしたとき、子どもは、離れて暮らす親(多くのばあいは父親)から、子どもと一緒に暮らす親(多くのばあいは母親)に対して、「養育費」を支払ってもらうことになっています。

しかし、日本では多くのばあい、養育費が支払われておらず、問題となっています。国は、養育費を支払わない親に対して、子どもの生活水準を確保するために、それらを払ってもらうしくみをつくらなければなりません。

この点、国連子どもの権利委員会からも、父親などの給料から養育費を自動的に払うしくみをつくるよう、注意されています。

いろいろな事情があると思いますが、父親など別れた親にどうしたら養育費を払ってもらえるか、弁護士などに相談してみましょう。

 **困ったときどうすればいいの？**

今、学校の給食費を払えない家庭の子どもが増えています。給食費を払いたくても、払うお金がないことが多いからです。

もしあなたが給食費を払えなかったり、生活するお金に困っていたら、役所や支援団体には生活保護のことを、食品を配る活動をしているフードバンク[*1]には食品の援助を受けたりするにはどうしたらいいかを相談してみましょう。また、近くに子どもや保護者などに無料あるいは安く食べ物を提供する「子ども食堂」[*2]がないか探してみましょう。そういう場所では、国からサポートを受ける方法を教えてもらえるはずです。

最近は、給食費を無料にする自治体も増えています。もしあなたが住む自治体がまだ無料化していなければ、無料化してほしいと声をあげてみましょう。

生活保護を受けることに対して社会のきびしい目があるかもしれませんが、あなたには、十分な食事をとれるように要求する権利があります。こころと身体が健康に暮らしていけるために必要なものを十分与えてもらう権利を主張してみましょう。

*1　全国のフードバンク：https://www.fb-kyougikai.net/groups
*2　全国こども食堂マップ：https://kodomoshokudo.gaccom.jp/

第2章　子どもが日々すくすくと育つ権利

子どもの権利条約　第28条

## 教育への権利

こども基本法　第15条
SDGs 4

# すべての子どもは、自分にあった学びをする権利があるよ

 ### 子どもにこんなことが起きている

　今、日本ではさまざまな理由で、学校に通うのをむずかしいと感じる子どもがいます。その数は、約34万人となりました。
　学校に行けない不登校の理由はさまざまです。友達からいじめられたり、先生からひどいことを言われたり、集団で学んだり過ごしたりすることが合わないこともあるでしょう。理由がわからないけど学校に行こうとすると頭やお腹が痛くなる子どもも数多くいます。また、トランスジェンダー（生まれたときの性別と今自分が思っている性別が一致しない人）の子どもの多くが、自分のこころと違う制服を着なくてはならないことが苦しくて不登校になります。

 ### あなたには、こんな権利があるよ

　第28条は、すべての子どもが小学校・中学校などに通い、無料で教育を受ける権利があると定めています。さらに学びを深めたい子どもが、高校で教育を受けたり、技術を学ぶために訓練を受けたりする権利があることを示しています。
　そして、その教育の目的は、単に読み書きや計算方法などの知識を学ぶことだけでなく、自分や相手の権利を大切にし、互いの違いを認め合い生きていくこと、差別をしない生き方を学ぶため

家で学習したり
フリースクールで
学ぶのも
あなたの権利
だよ

だということを第29条で定めています。

　また、「教育への権利」というと、「学校で」教育を受ける権利だと、思われがちです。しかし、すべての子どもは、自ら主体的に、どこでどのように学ぶかを自由に選べる権利もあるのです。

　さまざまな理由で学校に行けない子どもたちのために、2016年に不登校の子どもにさまざまな学びの場を確保する「普通教育機会確保法[*1]」がつくられました。学校に通えない子どもの休養の必要性を認めるとともに、学校以外での学びの機会を保障することを定めています。

　これにより、子どもは、自分に合った学び方を選ぶことができることが認められました。学校で学ぶことがつらかったり、自分には合わないと感じるときは、自宅で学んだり（ホームエデュケーション）、フリースクールや居場所など、安心して学べる場を見つけ、そこで学んでもよくなったのです。

　また、1万人もの海外ルーツの子どもたちが夜間学校などをふくめ、学校に通えずにいると考えられています。

　その主な理由は、言葉の壁です。日本語が話せない、書けないために、学校に通えずにいるのです。そうした子どもたちのために、日本語を教える教師と、学ぶための教室を増やすことが必要

です。また、自分のルーツ(国や地域)の言葉で学んだり、母語を学べる機会もつくらなければなりません。そうした子どもが夜間学校など、普通の学校以外の場所で学べるようにすることもこの法律で決められました。

###  困ったとき、どうすればいいの?

学校でつらくなったら、お家でまず休みましょう。がまんせずに、こころと身体を十分に休ませてあげてください。そして、学校以外の場所で学ぶことは、あなたの権利であり、間違ったことではないことを知ってください。

また、そういう考え方を社会全体に広めていくことも大事です。そのために、もしあなたが学校以外での学びを選びたいときは、第28条と教育機会確保法のことをおとなに伝えて、自分が学びたい方法や場所について話してみましょう。

学校に通うのがつらいと思う子どもが約34万人もいるということは、不登校は子どもの問題ではなく、学校が多様な学びができる環境をつくっていないという問題があるといえるでしょう。実際、国連子どもの権利委員会は日本の教育は競争的すぎるために心身ともに悪い影響があると注意しています。

学校が子どもたちにとって、自由に楽しく学べる場所になっているか、一人ひとりが声をあげられる安心安全な場所になっているか、「こんなことが学びたい」と希望を言える場所になっているか、先生や親、地域の人と一緒に話し合ってみましょう。

海外ルーツの子どもたちは、日本語教育が受けられるように学校の先生だけでなく、NPO[*2]にも相談してみましょう。

---

*1 「義務教育の段階における普通教育に相当する教育の機会の確保等に関する法律」
*2 多文化共生支援団体リスト：https://www.plaza-clair.jp/interview/list.html

第2章　子どもが日々すくすくと育つ権利

子どもの権利条約　第29条　教育の目的

こども基本法　第15条
SDGs4, 5

## 子どもには、自分の可能性を最大限に広げるために学ぶ権利があるよ

 子どもにこんなことが起きている

　あなたは親から、「テストで90点以上を取らないとだめだ」「将来いい仕事につくためにいい大学に行かないといけない」などと言われたことはありますか？

　親が、条約に定められた目的とは別の理由や方法で、子どもにとって負担になるような期待を押しつけ、無理やり勉強や習い事をさせることがあります。これは「教育虐待」と呼ばれています。

　親にさからえない子どもは、深く傷つき、こころの病にかかることもあります。教育は人権を学ぶためにもあるので、子どもを人として大切にしないやり方で教育することは第29条に反しています。

 あなたには、こんな権利があるよ

　第29条は、第28条「子どもの教育への権利」の「教育」の目的について、以下のように定めています。教育の中身はなんでも良いわけではないからです。

　「教育」の目的は、1つは自分の可能性を伸ばすこと。2つ目は、子どもが人権を尊重できるようになること。3つ目はほかの人や、自然や環境と、共に生きられる（共生）人になることです。

　1つ目の自分の可能性を自由に伸ばすためには、親や先生が大事だと思う道ではなく、自分の可能性を追い求めてもいいという

075

ことです。日本では、多くの親が子どものためを思って、競争を勝ち抜くために勉強するようにしむけます。この点を改善するように、国連子どもの権利委員会からなんども注意されています。

　子どもは、親とは別の人間です。子どもの人生は、子ども自身が選択できます。子どもは、自分が望むものとは違う選択を親から押しつけられることはありません。

　2つ目の人権を尊重できるようになるためには、子ども自身の権利についてだけでなく、ほかの人の権利についても、学び、大切にすることです。あなたが「いやだな」と感じたとき（不当な扱いを受けたとき）に、「やめて」と言えるようになるためです。そして、「やめて」と言われた相手は、その人の権利を尊重し、きちんとやめることができるようになることです。

　3つ目の目的は、人はみんな、違いをもって生まれてきますが、お互いに違いを認め合い、助け合い、大切にし合えるようになるということです。外国ルーツの子どもが言葉や文化が違っても受け入れようとする姿勢をもつことです。

　また、教育は、共に生きることを学ぶことも目的としており、それは差別をしないことを学ぶこと、ともいえます。学校の先生のふるまいや、学校のしくみなどが、知らず知らずのうちにさま

ざまな差別を生んでいることがあります。

たとえば、校長先生や指導する先生がすべて男性であれば、子どもは、リーダーは男性がなるのがあたりまえのように感じてしまいます。

また、トランスジェンダーの子どもに配慮をして、一人用のトイレなどを設置している学校では、性の多様性を認めることの大切さを、ふだんの生活で学ぶことができます。

##  困ったときどうすればいいの？

親が自分の希望と違う勉強のしかたや進路をあなたに押しつけてきたら、自分がやりたい方法や進みたい方向をきちんと話して、それが条約で認められている権利であることをわかってもらいましょう。

あなたの学校で、先生だけで大事なことを決めていたら、もっと子どもの意見を聞き、「子どもにやさしい学校」[*1]にしてほしいと伝えましょう。「子どもにやさしい学校」づくりは、主にユニセフが世界で進めている運動です。また、ユネスコが進めているものとして「ハッピースクールプロジェクト」[*2]があります。

日本では、生徒が学校の校則の見直しを求める活動が広がっています（ルールメイキング）。また、子どもの声を聞くなど、子どもの権利を守る教育が行なわれるように、政府に働きかける活動に参加する子どもたちもいます（ＳＤＧｓ４教育キャンペーン）。

子どもにもっとも良いことをするためにある学校が、ほんとうに自分たちのためになっているのか、また、楽しい学校にするにはどうしたらいいかを考えたり、みんなで話し合ったりしてみましょう。

---

＊1 子どもにやさしい学校：すべての子どもの権利が守られ、教職員が子どもにやさしく接し、安全安心でいられる学校のこと。
＊2 ハッピースクール：子どもが幸せを感じられるように「共に生きること」「人間として生きること」を学べる。

## 第2章　子どもが日々すくすくと育つ権利

**子どもの権利条約　第30条**

### 少数者・先住民の子どもの権利

こども基本法 第3条
SDGs 4、10

## すべての子どもは、自分の信じる神さま・自分が話す言葉・自分の文化を大切にする権利があるよ

 **子どもにこんなことが起きている**

　民族のマイノリティ（少数者/少数派）の子どもたちは、マジョリティ（多数者/多数派）と異なる言葉や文化をもつことを理由に、ひどい差別を受けることが、少なくありません。

　たとえば、日本の先住民族である、沖縄やアイヌ民族の人たちは、もともとその土地で平和に暮らしていたのに、言葉・文化・顔立ちが違うことを理由に、住む土地を追いやられたり、ひどいいじめを受けたり、好きな人と自由に結婚することができなかったりした歴史があります。

　北海道の調査によると、自分はアイヌ出身だと名乗っている人の数は、2006年の2万4000人から2017年に1万3000人まで減りました。実際はアイヌの人はその10倍はいるといわれており、アイヌであることを隠している人が、非常に多くいることが考えられます。なぜなら、自分の生まれを話すと、いじめや差別にあってしまう問題があるからです。実際2021年に、あるテレビ番組でアイヌ民族に対する差別的発言があり、問題になりました。

　先住民だけではなく、被差別部落出身の人や海外にルーツのある人に対する差別も、今なおあります。

　とくに在日コリアンに対しては、ヘイトスピーチの問題があります。ヘイトスピーチとは、特定の国の出身者であることや、そ

　の子孫であることのみを理由に、日本社会から追い出そうとしたり危害を加えようとしたりするなどの一方的な内容の言動です。

　そんな言葉を路上やネットなどで投げかけられると、子どもだけではなく、おとなでさえ、恐怖を感じてしまいますし、自分や自分の民族の尊厳が深く傷つけられます。そこで2016年にヘイトスピーチ解消法[*1]が成立したのですが、いまだに子どもたちが恐怖を感じるようなヘイト発言を行なう人たちがいます。

　神奈川県川崎市では、ヘイトスピーチの問題が根強いため、子どもたちが安心して暮らせるように、罰則を設けた条例ができました[*2]。それでもまだ、在日コリアンに対して脅迫の手紙が届いたり、ネット上では「この人は在日コリアンだ」とルーツを明かすことで差別的な言動をあおったりする人がいます。また、埼玉県でクルド人に対してヘイトデモを行なったりデマを流していて、子どもたちがいじめにあうことも心配されています。

　このように、マイノリティの子どもたちが傷つけられ、恐怖を感じることがたくさんあるため、国連子どもの権利委員会は、差別禁止法を制定するべきだと日本政府に注意をしています。マイノリティの子どもが差別を受けないための対策を急いで行なわなければなりません。

---

*1　ヘイトスピーチ解消法：特定の民族や国籍の人びとなどを地域社会から排除しようとする差別的な発言や行為が、公共の施設や公園、道路などで発生しています。このような不当で人の尊厳を傷つける差別的な発言や行為の解消に向けた取り組みを推進する法律。
*2　川崎市差別のない人権尊重のまちづくり条例

あなたには、こんな**権利**があるよ

　もしあなたが、生まれた場所・つかっている言語や文化、自分が信じている宗教を理由に、ほかの人から自分を否定されたら、どんな気持ちになるでしょうか。

　たとえば、日本には、家の中で靴を脱ぐ文化がありますが、世界には、靴を脱がない文化をもつ国が数多くあります。靴を脱いで生活することをバカにされたら、反発したくなりますね。

　第30条は、宗教・言葉・生まれ・文化の違いを理由に、差別してはいけない、と定めています。マイノリティの子どもは、自分が信じる神さま・言葉・文化を、信じて大切にし続ける権利があり、マジョリティは、それらを大切にしなければなりません。

 困ったときどうすればいいの？

　あなたがもしマイノリティなら、差別をされない権利があることをしっかりと理解し、その権利を主張することができます。でも主張したことでかえっていじめられることもあるかもしれません。そういうばあいは、支援してくれるおとなの人に相談し、なにが一番いい解決の方法か相談してみてください。ほかの人たちと違っていても、生まれ・言葉・文化を大事にして、あなたのアイデンティティを守りたいという気持ちを大切にしてください。

　あなたがもしマジョリティに属するのなら、マイノリティの子どもが安心して暮らせるような社会にするために、自分の考えや行動を見つめ直してみませんか。まずは、マイノリティの人たちが、過去から現在にかけてどんな差別を受けてきたか知ってください。そしてどんなことを望んでいるのかを。知らないことによって偏見をもつのではなく、互いをよく知り、認め合い、共に生きるためにできることはなにかを考えてみましょう。

第2章　子どもが日々すくすくと育つ権利

## 子どもの権利条約　第31条　休息・余暇、遊び、文化的・芸術的生活への参加

こども基本法　第3条、第10条
SDGs　3　11、16

# 子どもには、たくさん遊んで、十分に休んだり、文化や芸術活動に自由に参加する権利があるよ

### ⭐ 子どもにこんなことが起きている

　カンボジアなどの発展途上国では、子どもは家事や農作業をして働くか、勉強をするかのどちらかをしなければならず、遊ぶことを許してもらえない子どもがたくさんいます。

　一方、日本では、夜遅くまで塾に通ったり、土曜日曜も丸1日受験勉強に費やしたりして、遊ぶ時間が少ない子どもがいます。知らないうちに、子どもの権利が侵害されているのです。

　遊ぶことは、子どもの身体とこころのすこやかな成長にとって、大きなエネルギーのもとであり、とても大切な時間です。

### ⭐ あなたには、こんな権利があるよ

　子どもには、「遊ぶ権利」があります。あたりまえのことのように思うかもしれませんが、子どもが遊ぶことが大切にされていない社会が多いことから、第31条で定められました。だからあなたは、おとなに遊ぶ時間をきちんともてるようにしてもらえるのです。

　とくに、外で遊ぶ時間が重要です。自然の中で遊ぶことは、子どもにとって、学びの時間でもあります。土や草花の香りや、さわった感じを楽しんだり、風の音や鳥の鳴き声を聞くことで、屋内では感じることのない体験をして、脳が元気になります。また、

第1章
第2章
第3章
第4章
第5章

子どもが日々すくすくと育つ権利

081

　自然の中で遊んでいると、なぜ葉っぱは秋になると赤や黄色に変わるのかな？ など、さまざまな疑問が浮かんでくることがあります。このような経験は、子どもの世界が大きく広がるきっかけになります。

　友達と遊ぶことで、ルールを決めたり、意見が違うときに一緒に話し合うことで、コミュニケーション力やチームワークを学びます。けれど、いつも友達と遊ぶ必要があるというわけではありません。一人で過ごす時間も、きちんとした「遊び」の時間です。

　また、なにかをして遊ぶ時間も大切ですが、なにもしないで、ぼーっとする時間も、同じように大切です。第31条では、子どもが、身体とこころを休ませる権利が定められています。

　子どもにとって、ぼーっとすることはムダではなく、むしろ想像力をはぐくむ豊かな時間なのです。

　そして、子どもには遊ぶ時間、休む時間だけでなく、自由な時間をもつ権利があります。

　放課後、塾や習い事、スポーツなど時間に追われる日々を過ごしているときは、時間を感じないでもっと自由に時間を過ごせるようになるためにどうしたらいいか考えてみましょう。

　自分の望むやり方で自由に遊ぶことによって、あなたが「楽し

い」というワクワクする気持ちや、満ち足りている気持ちを感じることが、生きていく力につながります。

##  あなたには文化やアートの活動をする権利もあるよ

　第31条は、ほかにも文化やアートの活動に、子どもが自由に参加する権利も定めています。たとえば、美術館で作品を見たり、ほかの国の踊りや音楽、食べ物などの文化に触れる機会をもつ権利、さらには、それに参加することも権利として定められています。これらは、子どもの豊かな成長にとって欠かせないものだからです。

　そのため、あなたは文化やアートの活動に自由に参加する時間を、十分に得ることができます。学校以外の場所で、成績とは関係なく、自由に文化やアートの活動をする時間と場所を、国や自治体はつくらなければなりません。

##  困ったとき、どうすればいいの？

　日本には、子どもが想像力を働かせて思いっきり遊ぶことのできる公園やプレイパークなどが少ないという問題があります。子どもの居場所がもっとほしいという子どもの声をまちづくりに反映してもらうよう、あなたの声を届けてみてはどうでしょう。

　また、遊んでいるときに、親から「遊んでばかりいないの！」としかられたら、遊んだり、ぼーっとしたりすることは、子どもにとってとても大事な権利だということを親に伝えてみてください。

　あなたの好きな場所で、好きな方法で自由に遊んで、休んで、身体とこころを、元気とワクワクで満たしてください。

---

＊1　このような経験は、「センス・オブ・ワンダー」と言われ、自然などに触れることで、不思議な感動や気持ちをいだくことです。

第2章　子どもが日々すくすくと育つ権利

子どもの権利条約

第39条

被害にあった子どもの
心身の回復と社会復帰

こども基本法 第3条
SDGs 3

# こころや身体に大きな傷を負ったら、傷をいやすためのサポートを受けることができるよ

## ⭐ 子どもにこんなことが起きている

　今、こころや身体に大きな傷を受けてしまう子どもが、世界にも日本にもたくさんいます。原因は、いろいろありますが、たとえば、虐待・搾取・ネグレクト・性暴力・残虐な扱いをされる・刑罰を受ける・戦争の犠牲になる、などがあげられます。

　しかし、こんなことが数多く起きているのに、子どもがこころの病気にかかることを想像がつかないという人もたくさんいます。子どもがこころの病気のために、イライラしていたり、家で横になるようになって、日々の生活がうまくいかなくなっても、「思春期」、とか「甘え」ているだけ、と、おとなが考えてしまうことがあります。

　また、子どもの方も自分の状態をうまく説明できなかったり、知識がなかったりして、調子が悪い理由がわからないまま、なん年もこころの病気による苦しみが続いてしまうことがあります。そして、おとなになっても調子が悪いことの原因が、10代のこころの病気だったと気づくことがあります。だから、子どものときに、こころの病気ではないかと考えて治療することが大事です。

　とくにいじめを受けた子どものこころの病気は重く、こころがこわれてしまい、なかなか回復できない子どもがたくさんいます。

傷ついた君は　　　　　回復する権利がある

### ⭐ あなたにはこんな**権利**があるよ

　第39条は、こころや身体に大きな傷を受けた子どもは、その傷をいやし、再び社会に戻って生活できるためのサポートを受ける権利があることを定めています。

　そのような子どもには、放っておかれることなく、元気を取り戻し、再び学校や友達のもとに戻るサポートを政府や社会から受ける権利があります。

　そしてそのサポートは、あなたの声を聞いてもらいながら、あなたにとってもっとも良いことを一番に考えてもらい、あなたのすこやかな成長を考えてもらえるものでなければなりません。

　虐待を受けた子どもは、一刻も早くこころと身体の元気を取り戻すための支援をしてもらうことが大切です。そして、支援を受けられた子どもが、社会に戻るためのサポートも十分してもらえるしくみがあることも必要です。非行少年の約60％が、虐待をされた経験をもつという統計[*1]がありますし、虐待を受けた子どもなどが暮らす施設（児童養護施設など）でケアを受けられないばかりか、子どもたちが再び虐待を受けてしまうケースもあるからです。残念ながら、日本は子どもがこころのケアを受けるしくみが不十

分だと国連子どもの権利委員会から注意されています。たとえば、学校でこころの悩みなどを相談できるスクールカウンセラーの数が、まだまだ少ないこともその1つです。

学校によってはスクールカウンセラーが、いつもいるわけではありません。スクールカウンセラーに相談できるのは、1校あたり平均して週1回、4～8時間という学校が多くなっています。子どもがいつでも相談できるように、毎日カウンセラーが保健室にいることが必要です。そして、このような体制をつくるためには、国がそのための予算と人を確保する必要があります。

## ⭐ 困ったときどうすればいいの?

子どもが抱えているこころの傷は見えにくいので、どうしても対策が遅れてしまいがちです。

これまでは、うつ病になったりするのはおとなだけだと思われていました。子どももこころの病気になることが、あまり理解されていなかったため、こころに傷を負った子どもが十分な治療を受けることができずにいました。また、子ども自身も、自分には治療が必要だと声をあげることができませんでした。これからは、おとなは理解を深め、子どものこころが元気になるためのサポート体制をつくる必要があります。ユニセフは、世界で多くの子どもたちがこころの病気になっているのに相談することができず、一人で苦しんでいることを報告し、子どもがこころの病気の治療を受けたり相談するためのしくみをつくるべきだと訴えています。

もしあなたがなんらかの原因で、こころや身体が疲れたり傷んだりしていたら、信頼できるおとなにそのことを勇気を出して話してみてください。あなたが力を取り戻すためのサポートをしてくれる人を求めてください。

\*1　毎日新聞2023年12月8日付

第3章　子どもが有害なものから守られる権利

子どもの権利条約　第19条　虐待・放任からの保護

こども基本法 第3条 第2項、第3項
SDGs16.2

## 子どもには、親や自分を育ててくれている人から「虐待されない権利」があるよ

 **子どもにこんなことが起きている**

　みなさんは、親や養育してくれている人(養育者)から「いやだな、つらいな」と感じることを、されたり言われたりしたことはありますか？　そんな経験をしているばあい、相手が親や育ててくれている人だから、しかたがない、自分ががまんするしかない、と思っていませんか？

　「虐待」という言葉があります。人によっては、ひどい暴力を受けたばあいだけをイメージするかもしれません。でも、「虐待」には、もっと広い意味があります。

　子どもの身体を傷つけること(身体的虐待)だけでなく、こころを傷つけること(心理的虐待)や、性的なことをしたりさせられたりすること(性的虐待)、子どもを育てる責任をもつ人が子どもに必要な世話をしないで放置すること(ネグレクト)もふくまれます。

　こうした、「虐待」の疑いがあるとして全国の警察が児童相談所に報告した子どもの数と、子どもに対する虐待として警察がとり扱った数が、2021年には過去最多となりました。おとなが子どもの「しつけ」のために暴力をふるう体罰がどんな場所でも法律で禁止されることになりました。きっかけとなったのは、2018年に5歳の船戸結愛ちゃんが、そして2019年に小学4年の栗原

087

心愛ちゃんが、お父さんからの「しつけ」という名の暴力が原因で亡くなった事件です。

体罰は、子どもの成長や発達に悪影響を与えるため、「子どものしつけのための、体罰を加えてはいけない」と法律(児童虐待防止法)に書かれました。

### ★ 子どもたちにはこんな権利があるよ

第19条は、どんなときでも、子どもは親など養育者から「虐待されない権利」を定めています。この条文にそって、世界中で体罰が禁止されるようになったのですが、日本でも2020年4月に2つの法律*1で禁止されました。だから、親が「あなたのためを思ってやっているんだ」と言ったとしても、法律のことを知ったあなたは自信をもって「やめて」と言えます。また、虐待や体罰といえないかもしれないけれど、親から不適切な扱いを受けたと思ったら、それに対しても「やめて」と言うことができます。

たとえば、「宿題をしないなら、夕飯を食べさせないよ」「お兄ちゃんは成績が良くて運動もできたのに、お前はだめな子だ」「あんたを産まなければ、良かった」と言われたりすることです。これも第19条で禁止されているので、あなたはこのようなことを

言われることからも守られる権利があるのです。

さらに、以前は、子どもが悪いことをしたときには、親が子どもに対して罰を与えることを認める法律がありましたが、それも2022年に廃止されました。そして、子どもを一人の人間として認めないひどい言葉や暴力を禁止する法律ができました。*2 たとえ、あなたが悪いことをしたときでも、暴力的なことをされない権利があるのです。

##  暴力を受けたときどうすればいいの？

国や自治体には、子どもを傷つける扱いがされていないかを調査をする義務があります。だから、みなさんが「いやだな、つらいな」「これは虐待かな？」と思ったときには、きちんと調べてもらって、支援を受ける権利があります。ですから、安心して話せる人に、相談をしてみてください。あなたを、誰も暴力で傷つけてはいけないのです。どうか一人で悩まず、がまんしないで、つらい気持ちを誰かに話してみてください。

信頼できるおとな(学校の先生・スクールカウンセラー・児童相談所・電話相談室など)を探してみてください。こども家庭庁のLINEで相談することもできます。名前を言わなくても大丈夫で、ひみつは守られます。親と離れたくないときは、そう言うこともできますし、家庭から離れたいときは、一時避難するためのシェルターもあります。

親も、自分は正しいことをしていると思い込んで、子どもを傷つけてしまっているばあいがあります。あなたが「やめて」と声をあげることで、親がひどいことを言わないおとなに変わるきっかけになるかもしれません。

---

\*1　2つの法律：児童虐待防止法と児童福祉法
\*2　体罰等を禁止する法律：2023年に民法821条が改正されて、親が子どもを尊重しなければならないと定めました。

第3章　子どもが有害なものから守られる権利

子どもの権利条約　第22条

難民の子どもの保護・援助

こども基本法 第3条
SDGs 16.9

## 難民の子どもも、日本の子どもと同じように大切に守られて育つ権利があるよ

 **子どもにこんなことが起きている**

　トルコに住んでいたクルド人[*1]の女の子Mさんは、幼いときに両親とともに迫害を逃れて日本にやってきました。しかし、小学校2年生のときにお父さんが入管(入国管理センター)に収容されてしまいました。Mさんは、職員の人に「お父さんを返して」と訴えたり、日本語ができないお母さんのために、通訳をしながら、法務省に申し入れをしたりしました。

　入管は平日の昼間しかあいていないため、お父さんとの面会のときは学校を休まざるをえませんでした。その後、お父さんは解放されましたが、長期収容が原因で身体をこわしてしまいました。

　もう一人の難民の子どもはこのように訴えています。「僕は2歳のときに日本に来ました。日本の小学校に入り、今は中学に通っています。もしトルコに戻ったら、トルコ語を書くことも読むこともできないし、学校生活がたいへんになります」

　日本では難民として認定されたり、特別に住むことを認められない限り、仕事につくことができません。そこで、安心して生活をするためには、日本政府から難民に認定されたり、特別な許可を得たりすることが、必要になります。

　しかし、難民申請をした人が難民として認められる割合(難民認定率)が日本は、わずか3.8％です。そのため、何年もかけてくり

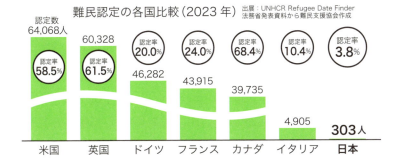

かえし申請をしても難民認定してもらえず、経済的にきびしい状況にいる人たちがたくさんいます。

　難民認定を受けられないと、無理やり自国に帰されてしまいます(強制退去)が、特別に日本に住むことを認めてもらえるばあいがあります(「人道配慮による特別在留許可」)。この特別在留許可を得て、小さいころから日本の学校で学び育ってきた子どもがいます。

　しかし、ある年から突然、特別在留許可をもらえなくなり、強制退去を命令される人がいます。そのばあい、強制退去させられるまでは収容施設(入管施設)に収容されますが、特別な事情があるときは収容施設の外で暮らすことが許されます(仮放免)。でも、仮放免の状態では、働くことができず、健康保険のサービスを受けることもできません。そのために、難民の子どもたちは、ケガを恐れて大好きなスポーツをすることができずにいたり、がんばって勉強をしても進学や就職ができるとは考えられず、つらい思いをしています。

　日本に逃れてきた子どもが、安心して育ち夢をもって生きる権利を、在留資格がなくても守る必要があります。

**難民**となったあなたには、こんな**権利**があるよ

　難民の子どもは、逃れた先の国で、保護されサポートを受ける権利があります。第22条は、国籍に関係なく、日本の子どもと同じように日本で安心して生きる権利がある、と定めています。

　難民となる理由はさまざまです。暮らしていた国で戦争や内戦が起きたり、宗教や民族の違いや、政府の考えと異なる意見をもっていることが理由のばあいもあれば、干ばつなどで食べる物がなくなってしまったことが理由のばあいもあります。

　大きな混乱の中で国を離れざるをえず、その途中で、子どもが親や家族と離ればなれになってしまうことがあります。そのばあいは、難民となった子どもは、逃れた先の政府に対して、親や家族を探してもらう権利があります。

 **困**ったとき、どうすればいいの？

　日本の難民認定率が低い理由の1つに、私たちに難民を助けようとする気持ちや行動が少ないことがあげられます。

　子どもが、自分の家族が入管施設に収容されたり強制送還されるかもしれないという不安を抱えながら暮らすことは、第22条の権利を侵害しています。日本は、子どもの国籍や認定に関係なく、子どもが安心して暮らせるようにする責任があります。

　助けを求めて日本に来たのに難民認定をされずに、常に不安定な状態で日本に暮らす子どもが多くいること、そしてその人たちに対して、日本社会がどのような態度をとっているのかを、知ってください。

　「国に帰れ」と冷たい差別的な態度をとって追い出そうとするのではなく、仲間として受け入れることは、日本社会がより多様な社会となり、そうなることが大きな力になるのではないでしょうか。

＊1　クルド人：中東各国に広くまたがって暮らす山岳民族。独立した言語のクルド語を話す。独立を求めているので、中東各国できびしい弾圧や差別を受け、欧米各国や日本に移民、難民として暮らす人が増えている。

第3章　子どもが有害なものから守られる権利

## 子どもの権利条約　第32条　経済的搾取・有害労働からの保護

こども基本法 第3条、第6条
SDGs 8.7

## 子どもには、こころや身体に悪い影響を与えるような労働から守られる権利があるよ

 **子どもにこんなことが起きている**

　2020年に発表された報告書によると、1億6000万人の世界の子どもたちが児童労働させられています。これは、世界の子どもの10人に1人という計算になります。[*1]

　「児童労働」とは、18歳未満の子どものこころと身体のすこやかな成長を害するような方法で働かせることです。たとえば、学校に行く時間を与えずに長時間働かせることや、身体の負担になるような重い荷物を運ばせたり、有害な物質を身体に取り込まざるをえない環境で働かせたり、子ども買春のように、性的な対象として扱うことです。

　このような状態で働く子どもは2016年から19年の4年間に840万人増え、さらに新型コロナウイルスの影響で経済状態が悪くなり、人身売買に巻き込まれる子どもが増えています。

　お店で売っている洋服を、誰がどうやってつくっているか、考えたことはありますか。アジアの縫製工場で、学校に行くことも許されず長時間働いて、1日50円しかもらえない子どもがつくっているかもしれません。

　また、スマホには、なかなか見つけることができない金属（レアメタル）がつかわれています。その金属を掘って取り出す鉱山で、子どもたちが危険と隣合わせで児童労働させられていることも、

---

*1　「児童労働：2020年の世界推計〜傾向と今後の課題〜」(UNICEF/ILO 2021)

問題となっています。

##  あなたには、こんな権利があるよ

　第32条は、子どもが児童労働から守られる権利を定めています。一方で、子どもの権利が守られた中で子どもが働くことを、「子どもの仕事」といいます。

　働く子どもの国際運動に参加している子どもたちから出された、「自分たちが誇りに思っている仕事まで禁止しないでほしい」という意見がきっかけで、児童労働と区別するようになりました。

　第32条以外にも児童労働を禁止する国際的なルールが、2つあります。

　1つは、仕事をしてもいい最低の年齢を定めた「就業最低年齢条約」で、もう1つは「最悪の形態の児童労働を撤廃する条約」です。これはもっとも有害で危険なかたちで、子どもが働くことをすぐになくす目的でつくられました。インドなどで親の借金を返すために、子どもがシルク(絹)産業などで奴隷のように働かされること(債務児童労働)や危険なレンガ工場や炭鉱で働かせることなどです。

　現在も、多くの子どもたちが児童労働をさせられていますが、

世界の各地域で働く子どもの代表が集まってこの問題を話し合い、国際会議で訴えたことで、子どもの目線で問題を解決していくことも大事にされるようになりました(122ページ参照)。子どもたちの声を聞きつつ児童労働を解決していくことが大切なのです。

 こんなときどうすればいいの？

　長い間、日本には児童労働はないとされてきました。しかし、2017年に茨城県で女の子(15歳)が屋根から落ちて亡くなり、2012年に栃木県で男の子(中3)が解体工事現場で崩れた壁の下敷きになって亡くなる事件がありました。これがきっかけで、危険な場所で子どもたちが働いていることがわかりました。

　また、北海道で、中・高校生をコンパニオン(おとなの話し相手)として働かせた会社役員が、2017年に逮捕されています。[*2] 18歳未満の女の子が、宴会などでおとなにお酒をついだり、話し相手をすることも、法律で禁止されています。このように、日本にも、児童労働の問題があります。また最近、ブラックバイトも問題になっています。たとえば、高校生が飲食店で働いているときに、無理やり長時間働かせられたり、仕事を覚えるまでは給料が支払われなかったりすることです。希望していないシフトを入れられてしまうこともブラックバイトにあたります。

　あなたが仕事をするときは、自分のこころと身体を大切にできる仕事かを、確認してください。「つらいことが多すぎるな」と感じたり、試験期間にバイトを休ませてくれないことがあったら、

　「子どもの仕事」ではなく「児童労働」にあたるかもしれません。がまんせずに、信頼できる人や団体に相談してみましょう。[*3]

---

*2　「知ってる？働く人を守るルール」(ACE 2021)
*3　総合労働相談コーナー https://www.mhlw.go.jp/general/seido/chihou/kaiketu/soudan.html
　　首都圏青年ユニオン(高校生や大学生などが相談)：https://www.seinen-u.org/

# 第3章　子どもが有害なものから守られる権利

**子どもの権利条約　第33条**

## 麻薬や覚せい剤からの保護

こども基本法 第3条
SDGs 16

# 子どもには、違法な薬物から守られる権利があるよ

 **子どもにこんなことが起きている**

　Tさん(13歳)は、友達のAさん(15歳)がシンナーを吸っているのを見てしまいました。最初はどうして接着剤の匂いをかいでいるのかわかりませんでしたが、吸っているうちに気持ちよくなるだけでなく、つらいことを忘れられるということを知りました。でも、インターネットで調べたら、シンナーを吸い続けるとやめられなくなると書いてあり、心配になりました。

　バングラデシュの調査によると、街の路上で、働いたり生活をしているストリートチルドレンのうち、薬物をつかっている子どもは、58％にも上ります。ストリートチルドレンの5人に1人が、薬物の運び屋としてつかわれています。また、ドラッグを使用した経験のある子どもの14％は、10歳未満でつかい始めているそうです。

　子どものときから薬物をつかっていると、感情のコントロールができなくなったり、自分をケアする力が弱まったりします。また、友達もできにくくなります。薬物をつかっている子どもの55％に感情のコントロールなどで異常が見られ、うち64％が自分をケアすることができなくなっているそうです。

　最近は、日本でも子どもの身近なところで薬物が大きな問題となっています。

　麻薬・覚せい剤・シンナー・向精神薬など、さまざまな種類の薬物があります。粉やカプセルなど薬のかたちをしたものだけでなく、見かけがお菓子のラムネのようなかたちをしたものもあります。チョコレートやイチゴの香りがするものもあり、甘くておいしそうな見かけにつられて薬物だと知らずに、子どもたちがつい口にしてしまうようなものもあります。

 **あなたには、こんな権利があるよ**

　第33条は、子どもが麻薬や覚せい剤などの法律で禁止している(違法)薬物から子どもは守られる権利があることを定めています。そのために、国は子どもが違法薬物にかかわらないようにしなければなりません。

　薬物が違法なのは、こころと身体に、ひどく悪い影響を与えるからです。違法薬物を一度でも使用すると、脳(脳の萎縮・記憶障害・精神障害)・心臓・肝臓など、さまざまな場所に健康被害を引き起こします。脳がこわれてしまうと、元に戻すことがむずかしくなります。治療して治ったように思えても、フラッシュバックといって、突然実際にはないものが見えたり聞こえたりして、興奮状態になることがあります。

また、違法薬物は一度始めると、やめられなくなるという特徴があります。違法薬物が切れると、身体のつらさから逃れるため、またつかいたくなります。犯罪を犯してまで手に入れようとすることも、少なくありません。自分の力では抜け出すことがむずかしくなるので専門的な治療が必要になります。薬屋さんで売っている薬でも、決められている量を超えて飲み過ぎると（オーバードーズ）、身体に悪い影響が出ます。肝臓や腎臓の障害が起きたり、呼吸や心臓が止まって、命を落とすこともあります。

 **困ったとき、どうすればいいの？**

　昔と違って薬物は、簡単に手に入るようになっているので、友達や知り合いから薬物を勧められることがあるかもしれません。

　落ち込んでいるときや、ちょっとむしゃくしゃしているときに「これをやると気持ちが良くなるよ」「タバコより体に悪くないよ」「みんなやってるよ」と誘われて、薬物だと知らずに手を出してしまうこともあるかもしれません。

　あるいは、興味をもって、「１回だけならだいじょうぶ、試してみたい」、と思ったり、薬物で苦しさやさびしさを忘れることができるならやってみたいと思うかもしれません。もし、苦しさやさびしさ、不安などを忘れたいと思ったら、薬物にたよるのではなく、おとなや友達に相談してみてください。知っている人に知られたくないと思ったら、ＳＮＳで悩みを聞いてもらうといいかもしれません。

　また、学校の先生やまわりのおとなに、薬物の正しい情報をリクエストしたり、薬物依存について調べてみましょう。

　そして、もし自分が、あるいは、友達が薬物をやめられなくなってしまっていると思ったときは、専門の団体[*1]に相談しましょう。自分一人で治すのはとてもむずかしいからです。

---

*1　全国薬物乱用防止相談窓口一覧：
　　https://www.mhlw.go.jp/bunya/iyakuhin/yakubuturanyou/other/madoguchi.html

第3章　子どもが有害なものから守られる権利

## 子どもの権利条約　第34条

### 性的搾取・虐待からの保護

こども基本法 第3条、第6条
SDGs 5.2、5.6、16.2

# 子どもには、性的搾取・性的虐待から守られる権利があるよ

## ⭐ 子どもにこんなことが起きている

　あなたは、自分の身体の大事なところを触られたり、性的なことを言われて、いやな思いをしたことはありますか？このようなことをおとなからされることを性的虐待・性的搾取といいます。

　子どもの性的搾取を世界からなくそうとする第1回世界会議[*1]は1996年に開かれましたが、今も世界中でこの問題は起きています。最近では、性暴力、性加害という言葉がつかわれていますが、子どもに対する性暴力は性的虐待と呼ばれます。

　日本でも、2023年に、子どもや若者に人気のある旧ジャニーズ事務所に所属していた多くの男性タレントが、子どものときに元社長から長年にわたって、性被害を受けてきたことが報道されました。しかし、少年たちが子どものときに訴えても信じてもらえなかったり、きちんと向き合ってもらえず、会社やメディアなど社会も少年たちの訴えを無視してきました。

　最近、ようやく子どもへの性暴力はあらゆる場所で起きていること、女の子だけでなく、男の子に対しても起きていることが理解されるようになってきました。そして、性暴力の加害者は、家庭、保育園、学校、部活動などで、親や親戚、ベビーシッターや学校の先生など知り合いのばあいが多いことも知られるようになってきました。

---

第1章
第2章
第3章
第4章
第5章

子どもが有害なものから守られる権利

---

*1　子どもの性的搾取を世界からなくそうという世界会議：1996年8月29日にスウェーデンで開催された「児童の商業的性的搾取に反対する世界会議」

加害者は、まず子どもに近づき、仲良くなって(グルーミング)から、性的虐待をするため、子どもは最初はそれが被害だと気づかないことがあります。そして、加害者から「こういうふうにされることは普通のことなんだよ」とだまされたり、「絶対にほかの人に話してはだめだよ」とおどされたりすることが、よくあります。

そのため、いやだなと思っても、相手に「やめて」と言ったり、誰かに相談することができず、何年も被害を受け続けてしまうこともあります。彼氏や、ＳＮＳで友達になった人から、はだかの画像を送ってほしいと言われること(自撮り被害)もあるかもしれません。「ぼくのことが好きなら送ってよ」と言われ、送ったあとにネット上で販売されてしまう被害も増えています。

## ⭐ あなたには、こんな権利があるよ

第34条は、子どもは、性的虐待・性的搾取から守られる権利があると定めています。

水着で隠す身体の大切なところと口を、「プライベートゾーン」といいますが、「性的虐待」とは、異性、同性にかかわらず自分のプライベートゾーンを、他人に無理やり見られたり触られたりすることや、他人のプライベートゾーンを、無理やり見せられたり、触らせられたりすることをいいます。あなたには、それらに対して「やめて」と言う権利があります。

「性的搾取」とは、加害者が性的なことをしたり、させたりする代わりに、お金や物をわたすことをいいます。第34条は、子どものはだかの画像や映像、または子どもと性行為をしている画像や映像を撮影して売ること(子どもポルノ)を禁止しています。日本でそうした被害にあう子どもが多いことが問題となっていますが、被害にあったばあいは、相手を訴えることができます。

プライベートゾーン

プライベート
ゾーンは勝手に
触られない
見られない
権利があるよ

 困ったとき、どうすればいいの?

　日本では、子どもを性の相手とする子ども買春と子どもをポルノに利用することを禁止する児童買春・児童ポルノ等禁止法があります。また、2023年、法律が改正され、性行為への同意を判断できると考えられる年齢が「13歳以上」から「16歳以上」に引き上げられました。これによって、同年代どうしを除いて、5歳以上年の離れた人による16歳未満との性行為は、同意があってもなくても、処罰されることになりました。

　もし、あなたが望まないのに性的にいやなことをされたら、「気をつけなかった自分が悪いんだ」と自分を責めるのをやめましょう。悪いのは100％加害者です。また、親を心配させたくないと思うかもしれませんが、どうか、一人で抱え込まないで信頼できる人に相談してみてください。[*2]

　日本には、これらのことを学ぶ性教育[*3]がたいへん不足しているので、学校の先生に教えてもらったり、図書室に性教育の本を入れるようお願いしてみましょう。「ノー」と言ってもいい権利があることと、子どもへの性暴力は犯罪だと知ることが大切です。

第1章
第2章
第3章
第4章
第5章

子どもが有害なものから守られる権利

---

*2　性犯罪・性暴力被害者のためのワンストップ支援センター
　　https://www.gender.go.jp/policy/no_violence/seibouryoku/consult.html
*3　包括的性教育といって、ジェンダー平等や性の多様性をふくむ人権を大切にする性教育。

101

# 第3章　子どもが有害なものから守られる権利

**子どもの権利条約　第35条**

## 誘拐・売買・取引の防止

こども基本法 第3条、第6条
SDGs　8.7、16.2

## 子どもには、誘拐されたり、モノのように売り買いされない権利があるよ

### ⭐ 子どもにこんなことが起きている

　日本は「人身取引受け入れ大国」と呼ばれるほど、被害者がたくさん連れて来られる国です。タイ・フィリピンなどから、多くの人が、性的な目的で売られてきます。

　そればかりではなく、女子中高生によるマッサージ・散歩・会話などの子どもの人身取引にあたる接客サービス（ＪＫビジネス）も行なわれています。

　そのため、国連子どもの権利委員会からは、ＪＫビジネスを法律で禁止するよう注意されています。そして、人身取引の被害にあった子どもに対するケアや支援をするための一時保護をする場所をつくったり、子どもが人身取引の被害にあわないための啓発活動を、子ども・親・教員・子どもの支援をする人たちに対して実施しないといけないと言われているのです。

　また、オンラインゲームで知り合った人に誘われて、会ったら連れ去られてしまう子どもの事件が起きています。

### ⭐ あなたには、こんな権利があります

　すべての子どもは、モノとして取引されない権利があります。

　子どもが取引されたり、誘拐されることを防ぐために、国はあらゆる対策を取ることを定めています。

## ❶ 子どもの人身取引

　子どもの人身取引とは、搾取する目的で、子どもを商品として扱うことをいいます。搾取する目的があれば、おどしたり不法な手段をつかわなくても、子どもの人身取引となります。

　子どもが人身取引される理由は、いろいろあります。

・性的に搾取するため：一番多いのが、あらゆる性的なサービスをさせるために、子どもが取引されるばあいです。子どもポルノをつくる目的のときもあります。

・働かせるため：次に多いのが、労働力を目的にした取引です。漁船に乗せて夜の間ずっと働かせたり、家事使用人としてこきつかうなど、無理やり働かせることを目的とするばあいです。

・結婚させるため：子どもの気持ちを無視して無理やり結婚させたり（強制結婚）、結婚したかのように見せるため（偽装結婚）に子どもが取引されることもあります。

　どのような理由であれ、子どもの人身取引は見えにくいところで行なわれるので正確な被害者の数を知るのはむずかしいのですが、2021年のＩＬＯ（国際労働機関）の推定によると、世界で約5000万人の人が無理やり働かされたり結婚をさせられたりしています。その多くが人身売買されているのですが、人身売買の被害者の４人に１人が子どもだといわれています。

## ❷ 子どもの誘拐

　子どもを誘い出して連れ去ることを、誘拐といいます。日本では、子どもが被害者になる犯罪件数は年々減っていますが、行方不明になる子どもの数は、逆に増えています。

　最初に書きましたが、オンラインゲームで知り合った人に誘われて、会ったら連れ去られてしまった子どもの事件のようなばあいです。ネット上で知り合った人と直接会って話してみたくなる

第1章

第2章

第3章

第4章

第5章

子どもが有害なものから守られる権利

のは自然なことかもしれませんが、残念ながら、子どもを性的に利用するために近づいて、やさしく接してくる(グルーミング)人がいます。自分のことをわかってくれる、信頼できる人のように感じたとしても、1対1で直接会うことは、とても危険です。「この人は安心」と思っていた人が、急に恐ろしい人になる可能性があることを忘れないでください。

## ★ 困ったときどうすればいいの

　誘拐されそうになったときに、どういう対応をすれば良いかを家庭・学校・地域で子どもの安心・安全を守る活動をしているＣＡＰセンター・ＪＡＰＡＮ*1がワークショップで教えています。高い声ではなく低い声で「助けて！」と叫ぶことによって、なにか危ないことが起きていることに、おとなが気がつきやすくなります。また、どういう行動を取ったら良いのかを事前に知ることで、あなた自身や友達を守ることができます。

　また、アルバイトの内容が、あなたが思っていたものと違っていたときや、あなたが望まない性的なことをさせられそうになったときは、すぐに親や先生、信頼できる人や団体*2に相談しましょう。

*1 CAPセンター・JAPAN　https://cap-j.net
*2 ぱっぷす　https://paps.jp

# 第3章　子どもが有害なものから守られる権利

**子どもの権利条約　第36条**

## 他のあらゆる形態の搾取からの保護

こども基本法 第3条、第6条
SDGs 16

## 子どもには、すべての搾取から守られる権利があるよ

 **子どもにこんなことが起きている**

　自分のある目的のために人が別の人を利用することを「社会的搾取（さくしゅ）」といいますが、おとなが子どもを利用するばあいもあり、いろいろなかたちがあります。

❶ スポーツ分野で行なわれている社会的搾取

　たとえば、親が自分がかなえられなかった夢を、子どもに押しつけて代わりにかなえようとすることがあります。子どもがそれをこころから望み、楽しくスポーツをしているなら良いのですが、子どものこころや身体の負担になるまでやらせるなら、それは子どもに対する虐待といえます。

　あなたが友達と自由に遊んだり勉強をする時間がないくらい、親の期待に応えるためにスポーツ活動に時間を費やさなければならなかったら、社会的な搾取になるのです。

　また、親が、自分が満足するために子どもにスポーツをさせたり、勝つためにつらい練習をさせることも、社会的搾取といえます。

❷ 芸能活動で行なわれている社会的搾取

　たとえあなたがアイドルになることを夢見て始めた芸能活動であっても、親やプロダクション会社から、「アイドルになるためには必要だ。みんなやっていることだ」と言われて、いやだと思

うことをしなければならないときがあれば、それは子どもの権利を侵害しています。

　たとえば、ＣＤや写真集の売り上げにつなげるために、あなたが握手会で多くのファンと握手することを求められるかもしれません。ファンと会うことは楽しみだけど、多くの人と握手し続けるとこころと身体が疲れてしまい、人とかかわることすらいやになってしまうこともあります。そのようにさせられることも、社会的搾取です。

❸ おとなの言いたいことを代わりに言わされるばあい、研究者やメディアが子どもの意思を無視したり軽んじたりして、自分の都合の良いように研究発表をしたり、報道したりすることがあります。

　多くの調査研究は子どものためになりますが、ときには、子どもから得たデータをつかって自分の研究の評価を上げることを目的にする研究者もいます。残念ですが、子どもたちのためではなく、自分が評価されたいから行なっているばあいがあるのです。これも社会的搾取にあたります。

　また、宗教団体や、市民団体によって子どもの声が不当に利用されることも、社会的搾取といえます。

あなたには、こんな権利があるよ

　第32条と34条で、子どもは経済的にも性的にも搾取されない権利をもっていることを、学んできました。
　第36条は、子どもはそれ以外の「すべての搾取」からも守られる権利ついて定めています。
　一人ひとりの子どもが、自分の幸せを犠牲にするような搾取から守られることを定めています。
　「すべての搾取」とは、誰かの利益のために、子どものすこやかな成長や幸せを妨げる、すべてのことをいいます。おとなが自分のために子どもを利用する社会的搾取もふくまれるのです。

 困ったとき、どうすればいいの？

　最初は自分が望んで始めたことだけど、だんだん自分のこころや身体が、おとなの要求に追いつかなくなることがあります。おとなが強制しなくても、あなたが「期待にこたえなくちゃ」とがんばって自分の幸せを感じられなくなってしまうときは、搾取されているのかもしれません。
　そんなときは、まわりの人に「しんどい」と言う権利[*1]があります。それが相手をガッカリさせることになったとしても、あなたの気持ちや身体を大事にすることが、あなたの権利です。
　また、第36条は、子どもの福祉に有害となる搾取から守られる権利についても定めています。
　子どもの福祉とは、「一人ひとりの子ども」にとっての幸せを大切にすることで、ウェルビーイングと呼ばれています。
　あなたも自分の幸せを守るために、自分のこころの状態を見つめ、あなたらしく考えたり発言したり行動することができているかを、振り返ってみてください。

*1　しんどいときの相談先　こどもの人権110番　0120-007-110

第3章　子どもが有害なものから守られる権利

**子どもの権利条約　第37条**

死刑・拷問等の禁止、自由を奪われた子どもの適正な取り扱い

こども基本法 第3条
SDGs 16.10

## 子どもには、罪を犯しても残酷な方法による罰を受けない権利があるよ

 **日本ではこんなことが起きている**

　日本国憲法第36条では、拷問と残虐な刑罰を「絶対にしてはならない」こととして禁止しています。

　また、世界人権宣言も、「人を痛めつけて苦しめる権利は誰にもない。誰であれ人を拷問することはゆるされない。（第5条）」と定めています。このように、子どもに限らず、おとなをふくむすべての人に対して、残虐な罰を与えることが禁止されています。

　今では、世界の144カ国で、死刑制度が廃止されていますが、日本では、おとなに対する死刑が行なわれています。死刑を行なっている国が世界にまだ18カ国あり、そのうちの1つが日本なのです。そして国連子どもの権利委員会は日本に死刑制度をやめるように勧告しているのですが、それは、犯行のときに18歳と19歳だった「年長少年」と呼ばれる人が死刑になる可能性があるからです。

　また、犯罪の疑いがある人を、逮捕されたあとに引き続き閉じ込めておくことを勾留といいますが、子どもに対しては、やむをえないばあいでなければ勾留してはならないと定められています。しかし、日本では子どもが逮捕されたあとに、留置場に閉じ込められ、おとなと同じ扱いを受けることがあります。

###  あなたには、こんな権利があるよ

　第37条は、子どもには残虐な罰を受けない権利があること、そして自由を奪われた子どもは適切に扱われる権利があることを定めています。

　具体的には、次の４つのことが書かれています。

❶ すべての子どもに対して、子どもの品位（人格）を傷つけるような、残虐な扱いや刑罰（死刑や拷問など）を行なってはいけません。とくに、18歳未満の子どもに、死刑や死ぬまで刑務所に入れておく終身刑にすることは、禁止されています。

❷ すべての子どもには、勝手に自由が奪われない権利があります。自由を奪うときは、法律やルールに従ったやり方で行なわれなければなりません。また、罪を犯したと思われる子どもの自由を奪うことは、最後の手段として、もっとも短い期間のばあいだけ許されます。

❸ 自由を奪われた子どもも、人として大切に扱われる権利があります。また、その子どもの年齢に合った扱いをしなければなりません。さらに、特別な理由があるとき以外は、子どもは親や家族と会う権利があります。

❹ 自由を奪われた子どもは、早い段階で、法的な援助などの適切なサポートを受ける権利があります。また、違法に自由が奪われたと思ったら、裁判所に訴えて争う権利があります。

### 困ったとき、どうすればいいの？

　罪を犯した子どもであっても、もし、長い間、勾留されてしまったら、弁護士に相談しましょう。

　また、留置場や少年鑑別所では、子どもが弁護士に相談できる制度があります。それに加えて、自由を奪われた子どもが苦情を

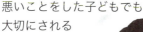

申し立てられる制度が必要です。

　現在、少年院や少年鑑別所で自分が受けた扱いについて言いたいことがあるときに、紙に書いたり話したりして訴える方法が取られていますが、子どもが自分の気持ちを自由に話せる子どもアドボケイト(65ページ)などに相談できるしくみが望まれます。そして、子どもがそれらの制度を知ること、子どもの家族や代理人が代わりに意見を言えるようにすることも大切です。

　最近、子どもが罪を犯したときに、逮捕して施設に閉じ込めて罰を与えるのではなく、医療機関で治療やカウンセリングを受けさせたり、ボランティア活動をさせるなど社会に貢献する方法で、反省を促した方がいいと考えられるようになりました。この方法を「ダイバージョン」*1 といいます。

　「子どもに刑罰を与えることも教育であり、子どもに罰を与えて思い知らせないといけない」と考える人がいますが、子どもへの重い刑罰は子どもに対する暴力であり、権利侵害です。かつてはあった懲戒権も今は法律からなくなりました。子どもは、対話ややり直しの機会を与えられることによって善悪を学び、生き直すことができます。

---

*1　ダイバージョン：罪を犯した子どもを処罰以外の方法で取り扱うこと。子どもにとっても社会にとっても望ましい結果が生まれることがわかっている。

第3章　子どもが有害なものから守られる権利

## 子どもの権利条約　第38条

### 武力紛争における子どもの保護

こども基本法 第3条
SDGs 16.4

# 子どもには、紛争に巻き込まれない権利があるよ

## ⭐ 子どもにこんなことが起きている

　戦争が良くないことは誰もが知っているのに、世界には、今でも「紛争」*1に巻き込まれてつらい思いをしている子どもが、たくさんいます。みなさんもウクライナやパレスチナで子どもが犠牲になっているのをニュースで見てこころを痛めているのではないでしょうか。戦争ほど子どもの身体とこころを深く傷つけ、あらゆる権利を侵害するものはありません。

　また、軍隊に属する子どもを「子ども兵士」といいます。戦いの場に参加させられるほかに、物を運んだり、料理をしたり、強制結婚させられ性的奴隷として使われる女子の兵士もいます。

　子ども兵士は、1980年代にはほとんどいませんでしたが、その後、世界に25万人以上にまで増えました。なぜ、これほど増えたのでしょうか。子ども兵士が生まれる理由はさまざまです。主な4つ理由をあげてみます。

❶ 小型兵器が開発され、子どもにも武器が使えるようになった。

❷ 紛争が起きている場所では、社会が行きづまり、子どもが教育を受けることができなくなるため貧困が拡大します。そのため、「寝る場所と食事を与える」と言われて、生きのびるために、しかたなく子ども兵士になる。

❸ 家族を目の前で殺され、復讐のために子ども兵士になる

第1章
第2章
第3章
第4章
第5章

子どもが有害なものから守られる権利

111

❹ 誘拐されたり脅されたり、ひどい暴力を受けて、しかたなく子ども兵士となる

　子ども兵士として戦いに巻き込まれた子どもが、保護され、かつて住んでいた村に戻ったときに、のけものにされてつらい思いをすることがあります。

　たとえば、誘拐されて兵士の妻にさせられ性暴力を受けた結果、望まない妊娠をして、暮らしていた村に戻る少女たちがいます。彼女たちは、敵の兵士の子どもがお腹にいることによって、村の人たちからいじめを受けるのです。

## ⭐ あなたには、こんな権利があるよ

　第38条は、子どもが武力紛争から守られる権利について定めています。子どもが、戦争や内戦に一切かかわらないようにすること。そして、万が一、巻き込まれてしまったら、すばやく保護され、安全な場所で身体とこころのケアを受ける権利があります。

　武力紛争の場は、おとなでさえ、身体やこころに大きく深い傷を受けるほど、残酷です。人を傷つけ、殺め、人を人とも思わない場所にいることで、想像もつかないような影響を身体とこころに受けてしまいます。そのため、子どもが武力紛争の場から解放されて保護されたあとは、受けた傷を少しでも和らげるためにカウンセリングを受けさせたり、社会復帰に向けての支援を行なう義務が、国にあります。

　とくに、こころの傷は、すぐに回復するものではありません。長い時間をかけて、ゆっくりといやされていくものです。また、しっかりとケアをしないかぎり、子どもが再び紛争の場に戻ってしまう危険性が高いため、十分なケアをすることが非常に大切です。

　なお、第38条は「15歳未満」の子どもは兵士としてつかっては

いけないと定めていましたが、15歳から17歳をふくむ18歳未満のすべての子どもが守られるべきという考えから、今は、18歳未満のすべての子どもを兵士としてつかうことが禁止されています。

###  困ったとき、どうすればいいの

　子ども兵士だった子どもを責めたり、拒絶して社会で受け入れるのを拒否しようとする人がいますが、どんな理由があったにせよ、紛争に巻き込まれてしまった子どもは、おとなが引き起こした戦争の被害者です。加害者ではないことを知ってください。

　子どもが紛争に巻き込まれないようにするためには、そもそも、おとなが戦争や紛争を起こさないようにすることが一番です。

　あなたも、人ごとだと思わずに、紛争のない世界をつくるためにどうしたらいいかを一緒に考えてみてください。それぞれが暴力によらず、対話によってものごとを解決するようにし、身近なところから平和をつくることも大切です。パレスチナのガザ地区でたくさんの子どもたちが殺されていることに対して、世界の若者が抗議をしています。自分たちにできるアクションがないか考えてみましょう。

---

＊1　「紛争」とは、国と国が対立して戦う「戦争」や、同じ国に住む人どうしが戦う「内戦」のこと

第3章　子どもが有害なものから守られる権利

## 子どもの権利条約　第40条　少年司法

こども基本法 第3条
SDGs 16.3

# 罪を犯した子どもには、立ち直るための教育や支援を受ける権利や、個人の尊厳が守られる権利があるよ

### ⭐ 子どもにこんなことが起きている

日本では、子どもが罪を犯したあと、その処罰に対してきびしく罰していくという方向に向かっています。

### ❶ 少年法の重罰化

「少年法(罪を犯した子どもについて定めた法律)」は、条約の40条にもとづいて、子どもが立ち直り、社会に復帰することを基本的な考え方としています。でも残念ながら、少年法の改正をみると、子どもに対してきびしい罰を与える方向へと向かっています。子どもの権利条約で大事にしている考え方とは、反対の方向です。

たとえば、子どもが法律を犯したときに罰を受ける年齢は、以前は「16歳以上」だったのに対し、今は「14歳以上」に引き下げられています。国連子どもの権利委員会からは、「16歳以上」に戻すようになんども強く勧告されています。

### ❷ 罪を償う方法

現在、日本で子どもが重大な犯罪を犯したばあい、刑務所に入れられる可能性があります。しかし、おとなと同じように子どもを刑務所に入れて自由を奪う方法で罪を償わせることは、子どもの権利条約の考え方に合っているとはいえません。世界では、罪を償わせるためにボランティアで仕事をさせる(社会奉仕活動)など、自由を奪う以外の方法をとる流れに変わってきています。

第1章
第2章
第3章
第4章
第5章

子どもが有害なものから守られる権利

114

罪を犯しても
やり直しのチャンスを
もらえるよ

　そこで、社会奉仕活動に参加させること以外にも、教育や職業訓練プログラムを行なってケアや指導、カウンセリングをしたり、保護観察を行なったり、里親に育てられるようにするなど、さまざまなかたちで対応すべきとされています。[*1]

❸ **裁判員裁判制度の導入**

　2009年から始まった裁判員裁判制度[*2]により、子どもが犯した罪を、法律の専門家である裁判官ではなく、一般の人が審判する裁判が生まれました。その結果、子どもが刑務所に送られてしまうことが増えています。子どもの犯罪には子どもの権利を守る特別な対応が必要ですが、それを知らない一般の人が判断をしているからです。この事態を改善するように、国連子どもの権利委員会から勧告されています。

⭐ **あなたには、こんな権利があるよ**

　第40条は、ほかの人や物を傷つけたり奪ったりすることを法律で「犯罪」と定め、子どもが犯罪を犯したときの対応について、定めています。

　おとなが罪を犯したときは、法律で定められた方法で逮捕して、裁判で罪と罰を決めます。では、子どもが罪を犯したときも、お

となと同じように扱われるのでしょうか。

　子どもの権利条約は、おとなのように罰を与えるのではなく、再び罪を犯さないための教育や、適切なケアやサポートを受けさせることで更生する(生き直しをする)ことを、基本的な考え方としています。そして、更生する間も、子どもの尊厳が守られ、成長、発達する権利が保障されると定めています。子どもは成長段階にあるため、まだ善悪の区別をつけることができなかったり、育った環境が良好ではないばあいなど、配慮が必要なケースが多いからです。罪を犯したり、罪を犯す可能性のある子ども(非行少年)は、貧困家庭に生まれ育っていたり、おとなから虐待されて身体やこころが大きく傷つけられた結果、罪を犯したケースが、じつは多いのです。

　処罰よりも、子どもが立ち直り、将来社会の一員として貢献することに重きをおいたかかわり方が求められています。やり直しのために必要なケアと支援を受ける権利が、子どもにはあるのです。

## ⭐ 困ったとき、どうすればいいの?

　相談員や弁護士などに話したいと要求することができます。

　自分が法に触れる行為をしたとき、おとなに、なぜ自分がそのような行動をとったのかについて理解してもらう権利があります。

　罪を犯した子どもは、自分の行なったことにしっかりと向き合って、罪を償うことは必要です。しかし、子どもが罪を犯した背景や理由を無視して、おとなと同じ刑罰を受けたり、きびしい罰を与えられたりしないようにしてもらう権利があるのです。罪を犯した子どもも、おとなから受け入れられ、一人の人間として声を聞いてもらえる権利があります。そのための制度を利用したり、新たにおとなにつくってもらうことができます。

---

＊1　さまざまなかたちで対応すべき：(第40条4項)(「ダイバージョン」第37条参照)
＊2　裁判員裁判制度：国民の中から選ばれる裁判員が刑事裁判に参加する制度で、殺人罪、強盗致死傷罪など重大な犯罪を対象にして行なわれます。

第4章　自分たちの社会のことを自分たちで決めていく権利

## 子どもの権利条約　第12条　意見表明権

こども基本法　第3条、第11条
SDGs　16.7およびすべての目標

# 子どもには、自由に自分の意見を伝える権利があるよ

### ⭐ 子どもにこんなことが起きている

　Jさんは、将来弁護士になりたいと思っていて、法律を学べる、家から離れた大学に行きたいと思っています。でも、両親は、Jさんは女の子なので近くの大学に行き、弁護士にならないで近くの会社で事務の仕事をして、結婚すればいいと思っています。Jさんは、自分の思いを親にきちんと聞いてもらいたいと思っていますが、親は聞こうとしてくれません。また、子どもの権利について話し合う子どもたちの集まりに行きたいと思っているのですが、それも理由も言わずに反対されています。

### ⭐ あなたにはこんな権利があるよ

　子どもには、自分に影響をおよぼすすべてのことについて意見を言う権利があり、それをきちんと聞いてもらう権利があります。

　こども基本法には、子どもに「直接」かかわることに意見を言えると書かれていますが、子どもの権利条約は、自分に関係するすべての事について、意見を言っていいと決めています。

　第12条は、日本語では「意見」と訳されていますが、英語で書かれている子どもの権利条約の元の条文には「opinion（意見）」ではなく「views（思い）」と書かれています。つまり、子どもの意見だけでなく、子どもの気持ちや感じていることなども、おとなに

第1章
第2章
第3章
第4章
第5章

自分たちの社会のことを自分たちで決めていく権利

117

聞いてもらう権利があります。

　子どもは誰もが、こころの中に思いをもっています。生まれたばかりの赤ちゃんでさえ、自分の思いを表現しています。

　子どもの意見表明権を認めると、「わがまま」になると誤解するおとなが多いのですが、そうではありません。自分の意見を大切に扱われた子どもは、自分の意見だけでなく、ほかの子どもやおとなの意見も、大切にしようとします。それによって、一人ひとりの思いが大切にされ、すべての人にやさしい社会になるのです。

　子どもは、おとなに自分の声に耳をかたむけてもらって、その声をいかす努力をしてもらう権利があります。その権利を実現するためにおとなが守るべき5つのステップを、国連子どもの権利委員会が提案しています。

### ステップ❶ 準備する

　子どもに、意見を言う権利があることを伝える。そして、おとながどんなふうに子どもの声を聞くつもりなのかを、前もって説明する。いつどこで、誰が参加するのかを説明し、子どもが十分にこころの準備ができるようにする。

### ステップ❷ 子どもの声を聞く

子どもが意見を言いやすいように、安心安全な環境を用意したうえで、子どもの意見を聞く。子どもとおとなとの、対話による意見表明の場にする。

**ステップ❸ 子どもの力を評価する**

子どもが、どんなふうにどんな意見を言えたのかを、おとなはふりかえる。その結果に応じて、問題解決のための大切なことの1つとして子どもの意見を受け止めて、検討する。

**ステップ❹ フィードバック**

子どもの意見がどういかされたのか、おとなは子どもに伝える。

**ステップ❺ 異議申立て**

結果に納得できない子どもは、問いただすことができる。

##  困ったとき、どうすればいいの

子どもが意見を言う場面にはいろいろあります。親や学校の先生に伝えるだけでなく、国に対して意見を伝えることもできます。

「こども基本法」の制定と「こども家庭庁」の設置の議論のとき、国会議員との集会に参加した中3の女の子は、こう言いました。

「子どもにとって、参加する権利が最初に守られるべきものじゃないかと思います。なぜなら、いくら子ども自身が守られる権利や恐怖にさらされず生きる権利・育つ権利があることを知っていたとしても、参加する権利を知らなければ、暴力やいじめにあったときに、抵抗することができないからです」

あなたには、自分にかかわるすべてのことについて、意見を言い、それをきちんと受け止めてもらえる権利があります。言うことをためらってしまうようなときでも、まずは自分の思いを、身近なおとなに伝えてみましょう。子どもの声を聞いたおとなはそれをいかす責任があります。

# 第4章　自分たちの社会のことを自分たちで決めていく権利

**子どもの権利条約　第13条**

## 表現・情報の自由

こども基本法第3条
SDGs16

# 子どもには、表現する権利と知る権利があるよ

 **子どもたちに起きていること**

　Rさんは、子どもが自分らしさを表現したいと思っても、古い考えのおとなたちから制限されることについて疑問をもっています。たとえば、髪型をツーブロックにしたり、髪を結ばないでおろしたりすることは、自分らしさや自分の個性を表現できる楽しいことだと思っているのですが、Rさんの学校では校則で禁止されています。先生は個性を大切にと言う一方で、自分たちの個性を表現する自由をうばっていると感じています。

　また、社会で起きている問題や、政治的なことに関する情報や考えをまとめて、学校で配ろうとしたら、そのような政治的なことは配ってはいけないと学校の先生から言われました。

 **あなたにはこんな権利があるよ**

　子どもにも、自由に自分の思いや意見を表現する権利があります。あなたは自分が感じたことを、あなたの好きな方法で伝える自由があります。

　また、自分の思いや意見を表現するために、知る権利もあります。子どもが表現をするために必要な情報を、事前に求めることができるのです。

　たとえば、子どもが自分の意見を伝えようとするときは、おと

なは子どもにも理解できる内容の資料をつくり、見せてもらう権利があります(141ページ参照)。国が「こども家庭庁」をつくるときも、子どもの意見を聞くために、事前に子ども向けの説明パンフレットが政府によって作成されました。

　ただし、子どもが思いを伝えるときに、ほかの人の権利をうばうことがあってはいけません。相手が「いやだな」と不快に思うような方法で表現をしてはいけない、ということも第13条で定めています。表現する権利をつかうときは、ほかの人の権利を侵害しないように気をつけましょう。

### ⭐ こんなふうに行動している子どもたち

　子どもが表現する方法には、直接相手に言葉で伝えたり、文章に書く方法のほか、歌やダンス、劇を通じて表現したり、絵・詩・物語・写真・ファッションを通じて伝えることもできます。オーストラリアの歌手トロイ・シヴァンさんは、同性愛者であることを家族に打ちあけたときのことを話した動画をYouTubeにアップし、多様な性を歌でも表現しています。[*1]

　あなたの気持ちや意見、考えていることを一番表しやすい方法

をつかって表現する権利を、第13条で定めています。子どもたちが表現した例を、あげてみます。

インドやネパールでは、働いている子どもが、自分たちが困っている問題や、児童労働について多くの人に知ってもらうために、壁新聞・ニュースレター・動画をつくって伝えています。

関西で活動する子どもたちは、おとなに対するモヤモヤする気持ちを、子どもの権利にてらして伝えるために、すごろくゲームをつくりました。[*2]「なにからなにまで親が買ってくる。ノートや鉛筆を自分で選べない」「先生に相談したいことがあるけど、いつも忙しそうで先生を困らせるかな、と思って話ができない」と、すごろくの読み札をとおして表現しました。

静岡県の高校生たちは、ロシアによるウクライナへの軍事侵攻をきっかけに、平和をテーマにした大きな絵画づくり（「キッズ・ゲルニカ」プロジェクト）に挑戦しました。

## ⭐ 困ったとき、どうすればいいの

もし、あなたが、言葉で伝えたり書いたりすることが苦手なばあいは、自分が感じていることを、絵に描いたり、歌にしたりして表現することができます。楽しい気持ちだけでなく、つらい気持ちやイライラすることなど、毎日の生活の中でいろいろな感情や考えが浮かんでくると思います。

まず、自分の思いを伝えたいと思ったときは、あなたが選んだ表現方法でどんどん伝えてみましょう。

そして、社会をより良くしてほしい、子どもの問題を解決してほしいという思いを伝えたいときには、ＳＤＧｓ４キャンペーンに参加している子どもたちのように、国会議員に対して、子どもの声をまとめて伝える方法もあります。

---

*1　トロイ・シヴァンの URL：
https://www.youtube.com/channel/UCWcrr8Q9INGNp-PTCLTzc8Q
*2　すごろくゲーム：子どもの権利条約関西ネットワーク「子どものけんり　なんでやねん！すごろく」

第4章　自分たちの社会のことを自分たちで決めていく権利

## 子どもの権利条約　第14条

### 思想・良心・宗教の自由

こども基本法 第3条4項　第11条
SDGs 16

# 子どもには、自由に考え、自由に信じる権利があるよ

 **子どもにこんなことが起きている**

　Kさんの親はある宗教を信じていて、その宗教をKさんにも信じるように命令し、また、宗教を広める活動に無理やり参加させようとすることがあります。

　その結果、Kさんは、宗教活動のために遊ぶ時間や勉強時間がなくなってしまいました。同じ宗教グループの友達は、宗教活動のためお金がなくなって進学できなくなったり、養子に出されたりした人もいます。Kさんは、この問題について相談できる相手がみつからず、孤独を感じています。

　このように、親が信じる宗教のために子どもの人権が侵害されることは、宗教虐待とも呼ばれています。子どもには親などから宗教を押しつけられない権利があり、どんなときでも子どもの最善の利益を考えて行動してもらう権利があります。

　ところが、以前、子どもが事故にあい輸血を受ける必要があったとき、その親が信じる宗教の教えを優先し、子どもが輸血を受けられずに亡くなったケースがありました。このばあい、子どもの最善の利益は、子どもの意思と子どもの命です。親は、子どもにとってなにが一番大事なのか、宗教の教えに従うことで子どもにもっとも良いことを奪わないようにしなければなりません。

　また、学校で政治の話をしていたときに、学校の先生から呼び

親と同じ宗教を
信じなくていいんだよ

出されて注意をされた子どももいます。子どもも、おとなと同じように政治についていろいろな考えをもったり、社会を良くするために自由に話し合ったりする権利があります。

スウェーデンでは、生徒が政治家と対話できるように学校に政治家を呼んで討論会を開いたり、選挙のときに「学校選挙」と呼ばれる模擬選挙も行なっています。生徒が政治について自由に話し合うことを先生が大切に考えているのです。*1

###  あなたには、こんな権利があるよ

子どもは、ものごとを自由に考え、自由に信じる権利があります。もしほかの人が、「その考えはだめだよ」「この神さまを信じないと地獄に落ちるよ」と言ったとしても、それに従う必要はありません。あなたのこころの中は、ほかの誰にも踏み込まれることなく、自由でいて良いのです。

第14条では、子どものこころの中が自由でいられるように、親は、子どもの成長段階に合わせた方法で指示をする権利と義務があることも定めています。逆にいうと、指示をするのは良いけど、無理やりさせてはいけないということです。親が考えていることや、親が信じる宗教があったとしても、子どもに対して、同

じように考え同じように信じることを押しつけてはいけないのです。

　子どもにはそれぞれ、思想・良心の自由があることを、親は子どもの権利として尊重しなくてはなりません。

　子どもが自分の考えや信じる宗教を言葉や行動で表現するばあいは、人の迷惑にならない方法で行なうなど、最低限のルールに従っているのなら、その表現を止めることはできません。

## ⭐ 困ったとき、どうすればいいの？

　「親と同じ考えして行動しないと、親が悲しむのでは？」「親が信じている宗教を自分も信じないといけないのでは？」と思う子どもも少なくないかもしれません。

　でも、もしそれで「つらいな、苦しいな」「なんか違う」と感じたら、それを保健室のスクールカウンセラーや弁護士に、相談してみてください。

　あなたを、つらく苦しくさせる教えは、ほんとうの意味での「宗教」ではないのかもしれません。こころの中は、自由です。誰も口出しできません。

　信じる権利がある一方で、信じない権利もあります。あなたのこころや自由に生きる権利が傷つけられると感じたら、助けを求めてください。

　政治についての考えをクラスメートと話し合いたいと思って、先生から注意されたら、子どもにも思想の自由があることを先生に伝えてください。

第1章
第2章
第3章
第4章
第5章

自分たちの社会のことを自分たちで決めていく権利

---

＊1　参考資料
　　スウェーデン若者市民社会庁 (MUCF)、アルパカ編集 (2021)『政治について話そう！』

# 第4章　自分たちの社会のことを自分たちで決めていく権利

**子どもの権利条約　第15条**

## 結社・集会の自由

こども基本法 第3条第3項　第11条
SDGs 16

### 子どもには、自由にグループをつくったり、集まって話し合いをしたりする権利があるよ

 **子どもにこんなことが起きている**

　カンボジアでは、「子どもクラブ」と呼ばれる子どものグループが、文房具がなくて学校に通えない子どものために自分たちになにかできないかを考え、「文房具を買うためのお金を募金したらどうか？」と話し合い、募金活動をしました。さらに、親たちに子どもを物乞いに出さないでほしいと訴えるために、みんなで村を行進して、自分たちの声を伝えました。

　またネパールでは、インターネット上で子どもの性的搾取が起きていて、その問題についてなんとかしてほしいと、子どもたちがおとなに訴えました。

　日本では、ある学校の生徒が、校則で決められたいる制服のスカート丈を短くしたいと思ったとき、その丈が決まっている理由が地域の人からの評判であると知らされました。それで子どもたちが集まって、地域の人の意見を調べた結果、地域の人も短くていいということがわかったため、その結果をもって学校の先生と話し合い、短いスカート丈に校則を変えることができました。

 **あなたには、こんな権利があるよ**

　子どもには、自分がどう考えているのか、どう感じているのかを伝えることができる権利（意見表明権　12条、117ページ）があるこ

とを説明しました。

　子どもには、「自分の気持ち」だけでなく、「問題を解決する方法やより良い社会にするために考えていること」について、ほかの子どもたちと話し合う権利もあります。

　あなたが住んでいる町のことや、家庭や学校で困っていることなどについて、「こんなふうにしたい」「こう変えてほしい」と、役人や政治家など社会のしくみをつくっている人たちに伝えることが、認められているのです。

　社会をよりよくするためには、子どもが自分の問題として一人で意見を言うよりも、同じような困りごとをもつ子どもたちが集まって話し合い、みんなで意見を伝えた方が、より大きな力になります。そのため、子どもが自由にグループをつくったり、集まっておだやかに話し合いをしたりすることは、とても大切です。それを第15条に権利として定めています（結社・集会の自由）。

　この権利を実現するしくみは、いろいろあります。世界の子どもたちの多くが子どもクラブをつくっていますし、日本では子ども会議、子ども議会、子ども委員会がつくられている自治体が各地にあります。

困ったとき、どうすればいいの？

　日本でも、第15条の権利をつかって子どもたちがさまざまな活動をしています。

　子どもの権利条例がつくられている市町村では、子ども会議で子どもたちが話し合い、市長に子どもたちのアイディアを伝える活動が、行なわれています。その結果、障がいをもつ子どものために、駅にエレベーターがつくられたこともあります。子ども議会、子ども委員会で子どもたちが困っていることを話し合うこともあります。

　このように、もしあなたに、より良くしたいと思うことがあったら、まずは、同じ思いをもつ仲間を見つけて話し合ってみませんか。

　また、みんなで集まって話し合うためには、安心して自分の意見を言える場所があることも大切です。そのような場所がないときは、自分たちの居場所をつくってほしいと、おとなに伝えてみてください。東京都は、2021年にこども基本条例をつくりましたが、その条例で子どものためにそれぞれの地域で居場所をつくることを定めています。

　第15条の権利を子どもがつかうことに対して、おとなが「だめ」と言えるのは、人びとの安全や健康をおびやかすときだけです。

　だから、学校の中でも外でも、どこでもいいので、公園や遊び場のこと、校則やいじめのこと、学校で開きたいダンスコンクールのことなど、気になることやってみたいことを、みんなで集まって自由に話し合ってみるのはどうでしょう。子どもたちみんなで社会をより良くするために話し合えることが、子どもまんなか社会になるでしょう。

---

＊1　子どもの権利条約総合研究所のホームページに「子どもの権利に関する総合条例一覧」がのっています。
＊2　地域で居場所：東京都は、子どもやその保護者が気軽に立ち寄れる地域の「居場所」を創設し、子どもに対する学習支援や保護者に対する養育支援、生活支援を行なう活動を支援しています。

第4章　自分たちの社会のことを自分たちで決めていく権利

## 子どもの権利条約　第16条

### プライバシー・通信・名誉の保護

こども基本法第3条
SDGs16

# 子どもには、プライバシーと名誉が守られる権利があるよ

## ⭐ 子どもたちにこんなことが起きている

　あなたには、自分のことで他人には知ってほしくないな、と思うことはありますか？

　たとえば、日記帳・メールやＬＩＮＥのやり取りなどは、あなたのプライベートなことですよね。これらは、たとえ親であっても見てはなりません。でも、子どもの権利を知らない親が見てしまうことがあります。

　また、学校によっては、子どもの持ち物検査があたりまえのように行なわれていて、先生が勝手に子どものバッグの中を見たり、中に入っているものを取り上げられて、とてもいやな気持ちになったことがありませんか。

　さらに、あなたが海外ルーツだということや、性的マイノリティであることを、学校の先生だけに話すことがあるかもしれませんが、もし先生がそれをあなたの許可なくほかの人に話したらどうでしょうか。

## ⭐ あなたにはこんな権利があるよ

　すべての子どもに、プライバシーが守られる権利があります。

　ほかの人には知られたくないと思うプライベート(個人的)なことを、「プライバシー」といいます。たとえば、自分のことや家族

第1章

第2章

第3章

第4章

第5章

自分たちの社会のことを自分たちで決めていく権利

129

のこと、電話や手紙の内容、自分の思っていることなど、ほかの人に知られたくないと思う個人的なことは、しっかりと守られると定められています。

　また、あなた以外の人が、あなたのプライベートなことを勝手にほかの人に話してはいけないということも、プライバシーの権利として守られます。たとえば、あなたが、お母さん以外の人には秘密にしておきたいことがあるとき、お母さんは、あなたの事前の許可を得ないで、勝手にお父さんやほかの人にあなたの秘密を話していけないのです。

　さらに、子どもには、自分の名誉が守られる権利があります。

　「名誉」とは、自分についての良い評価や誇りのことです。たとえば、「あの子のお父さんは警察に３回も逮捕されたんだよ」など、あなたの家族の話を言いふらされたり、あなたの許可がないまま評価が下がることをほかの人に言われたりしない権利です。

　子どもが「いやだな」と思うのであれば、親が子どもの部屋に好き勝手に入ることもプライバシーの侵害にあたります。

　また、学校の持ち物検査で先生が勝手に子どものバッグの中を見たり、中に入っているものを取り上げることは第16条に反し、子どものプライバシーの権利の侵害といえます。

　さらに、あなたが外国ルーツだということや、性的マイノリティであることを、もし先生があなたの許可なくほかの人に話したら、それも子どものプライバシーの権利を侵害したことになります。とくに性的マイノリティであることを勝手に人に話すことは「アウティング」といわれ、行なってはならないことです。

　親や学校の先生のほかにも、子どもの養育者や児童養護施設の職員なども、同じように、子どものプライバシーを侵害してはいけません。もし、あなたがなにかの病気にかかっているときに、その

ことをほかの人には知られたくないな、と思うのなら、お医者さんなど病気にかかっていることを知っている人は、ほかの人には言ってはいけないという決まりになっています。病気にかかっていることや、病気の名前もプライバシーにかかわることだからです。

### ★ 困ったとき、どうすればいいの？

　プライバシーについて「いやだな」と感じることがあったら、その気持ちを、親や学校の先生などに伝えてみてください。もし、勝手に部屋に入られるのが「いやだな」と思うときは、親に「部屋に入るときは、ノックしてから入ってね」と言うことができますし、「カギがかかる部屋にしてほしい」と言うこともできます。

　おとなは子どもに対して、本人の許可を得ないで勝手なことをしていいわけではありません。尊厳をもつ一人の人間として、あなたにはプライバシーを尊重される権利があることを、おとなにきちんと知ってもらいましょう。

　そして、プライドを傷つけられたと感じたとき、「いやだな」「悲しいな」「つらいな」と感じたら、そのことをがまんしないで、相談したり、声をあげてみてください。あなたは、いつでも大切にされるべき存在なのです。

第4章　自分たちの社会のことを自分たちで決めていく権利

| 子どもの権利条約 | 第17条 |
| --- | --- |

## 適切な情報へのアクセス

こども基本法第3条、第8条
SDGs16.10

# 子どもには、適切な情報を
# 十分に受け取る権利があるよ

⭐ **子どもにこんなことが起きている**

　社会には、子どもにとって有益な情報がたくさんあります。しかし、インターネットが発達し、子どももスマホをもつようになったことで、子どもが有害な情報にも簡単にアクセスする危険が生まれました。見たくない情報が飛び込んでくることも少なくないでしょう。

　暴力や、子どもが性的に虐待されている有害な画像・映像を、ひとたび子どもが目にして、大きな恐怖や不安を感じて子どもがこころに傷を負ってしまいます。そして、そこから回復することは簡単ではありません。また、有害な情報をつうじて、子どもが犯罪に巻きこまれてしまう可能性もあります。

⭐ **あなたには、こんな権利があるよ**

　第17条は、子どもは、適切な情報にいつでもアクセスできる権利があることを定めています。つまり、子どもは、自分の成長の役に立ったり、社会に参加したりするために必要な情報(役立つ情報)を、手にする権利があります。

　そのため、おとなは子どもに対して、役立つ情報を提供する責任があります。政府は、新聞や雑誌・テレビ・ラジオ・インターネットなどをつうじて、子どもにとって役立つ情報を、たくさん

第1章
第2章
第3章
第4章
第5章

自分たちの社会のことを自分たちで決めていく権利

伝えるようにしなければなりません。

　子どもが適切な情報にいつでもアクセスできる権利は、子どもの意見表明権(第12条、119ページ)と深くかかわっています。なぜなら、きちんとした情報を事前に知らされていないと、子どもが意見を言うことはむずかしいからです。

　そこで、子どもは意見を求められたときに、「意見を言うために必要な情報を十分にください」、と言うことができます。情報を求める相手には、親・学校・児童相談所・病院・自治体・国などがあげられます。

　また、第17条は、子どもが情報にアクセスできる権利のほかに、「有害な情報」から守られる権利があることも定めています。

　そこで、インターネットふくむマスメディアは、子どもへの影響を考えて、子どもが有害な情報に触れないようにしないといけません。

　また、おとなは、子どもが役立つ情報と有害な情報の違いを、きちんと見わけることができる力をつけるように教える必要があります。これをメディアリテラシー教育といいますが、第17条には、子どもがメディアリテラシー教育を受ける権利もふくまれています。

たとえば、インターネット上で、いじめ(サイバーいじめ)をしてはいけないことや、付き合っている人から「はだかの写真を送ってほしい」と言われても送らないようにしたり、付き合っていたときの写真や動画を勝手にネット上に流されないようにする(リベンジポルノ)ための情報を、子どもが事前に知っていることが重要です。

ネット上の危険から守られるための方法を、先生やあなたのまわりにいるおとなから、教えてもらいましょう。

 ### 困ったとき、どうすればいいの

もしあなたが有害な情報を見たときは、「こんな情報をネットで見たよ」と、親や先生たちに伝えてください。おとなはそれを有害情報として、通報*1することで、子どもの権利を守らなければなりません。

もしあなたが生活に困って進学することがむずかしいばあいは、自治体からお金のサポートを受けられるしくみや、進学するための奨学金などの情報を手に入れたいと、学校の先生やスクールソーシャルワーカーに伝えて相談してみましょう。

病気にかかっているばあいは、これからどんな治療をするのか、手術を受けたらどんな後遺症が残るのか、薬に副作用はあるのか、いつごろ学校に通えるようになるのかなど、病気や治療についての情報を病院の先生から教えてもらうことができます。さらには、「こういう治療を受けたい」と、自分の気持ちを伝えることもできます。

あなたが知りたい情報にアクセスできるよう、親や先生、まわりのおとなに相談してみてください。おとなは、子どもがアクセスしたい情報について、ていねいに答えていく責任があります。

---

*1 通報する：通報先として、インターネット・ホットラインセンターや警察などがあります。

第5章　日本政府や自治体の子どもの権利を実現する責任

## 子どもの権利条約　第4条

### 締約国の実施義務

こども基本法 第4条　第13条、第17条
SDGs　3・16.6

# 子どもの権利が守られる
# 社会にするために、
# 国はあらゆることを行なう義務があるよ

## ⭐ あなたには、こんな権利があるよ

　第4条は、子どもの権利条約を批准した国が、子どもの権利を守るために行なうべきことについて定めています。

　批准した国の政府は、子どもの権利を守るためにできるすべてのことを行ない、そのためにあらゆるしくみをつくらなければなりません。たとえば、子どもがお金や食事や教育などに困らずに生活を送れるような　さまざまなサポートや、LGBTI（性的マイノリティ）の子どもが差別されずに安心して暮らせるような社会的なサポートなど、です。

　政府には、次の4つの義務があります。

❶ 子どもの権利を侵害することなく、大切にする（尊重する）義務

❷ ほかの人が子どもの権利を侵害しないように子どもの権利を守る（保護する）義務

❸ 積極的に子どもを支援し、子どもが権利をつかえるようにする（実現する）義務

❹ 人権教育や啓発活動によって、子どもやおとなに子どもの権利を広め、守る義務

## ⭐ 子どもの権利を保障するために日本で進められていること

　日本政府は国連子どもの権利委員会から子どもの権利を守るた

第1章
第2章
第3章
第4章
第5章

日本政府や自治体の子どもの権利を実現する責任

135

めに、次の点について勧告を受けました。

**❶ 子どもの権利を守るための法律をつくる**

　子どもの生活の「すべて」の場面において、子どもの権利を守る法律をつくること。これまでにあった法律では不十分だったので、やっと「こども基本法」がつくられ、2023年4月からつかわれています。

**❷ 担当する専門の役所をつくる**

　子どもの権利を守るために、専門の役所(省庁)をつくること。

　子どもの権利を守るためには、さまざまな役所が力を合わせることも大事です。2023年4月に「こども家庭庁」ができたことで、子どもが困っているすべての問題に、それぞれの役所が協力しあって進めていけるようになりました。たとえば、子どもに対する暴力の問題も、それぞれの役所で対応していましたが、こども家庭庁がリーダーとなって力を合わせて取り組むことになりました。

**❸ 子どもの権利条約をもとにして判決を言いわたす**

　子どもの権利条約を批准した国の裁判所は、子どもの権利条約をもとに判決を出さなくてはなりません。日本では、子どもの権利条約においてもっとも大切な「子どもの最善の利益」をもとにした判決が、2021年に初めて、言いわたされました。幼稚園に日が当たらなくなったことを理由に裁判を起こした10人の元園児(小学生)の訴えの一部が認められたのです。

**❹ 監視し、権利を救済する人や役所が必要**

　子どもの権利がきちんと守られているかを監視する人や、子どもの権利が侵害されたときに相談したり訴えることができる人や役所が必要です。そういう仕事をする人のことを「子どもオンブズパーソン」といい、個別の救済をするために、いくつかの自治体に設置されています。また国が、子どもの権利を守っているか

子どもが傷つかないように
守ってもらえる。
子どもコミッショナーや
子どもオンブズパーソンを
政府や自治体が
つくる必要があります

を監視したり、守るよう勧告したりする独立した機関を「子どもコミッショナー」といいます。

 困ったとき、どうすればいいの？

　もしあなたが住む町に、子どもの権利条例（子どもの権利条約の理念が守られるように自治体がつくった条例）がなかったり、子どもオンブズパーソンがいなかったら、子どもの意見を聞いてもらうしくみがなくて困ることがあるかもしれません。しかし、まだまだ設置されている町の数は少ないのです。

　そこで、国に、子どもコミッショナーをおいてもらうようにリクエストしてみてはどうでしょうか。子どもコミッショナーがいれば、全国の子どもの権利が守られているかどうかの調査をして改善してもらえます。

　毎年たくさんの子どもが虐待によって亡くなっていますが、子どもの数だけでなく、どのようにして亡くなったのか、どうすれば良かったのかとか、体罰やいじめがどのようにして起きて、どうしたら減らせるのか、また、ＪＫビジネスに巻き込まれる子どもがどれだけ減ったのか、などのデータを集めてもらい、問題が解決に向かった方法を教えてもらいましょう。

第1章
第2章
第3章
第4章
第5章

日本政府や自治体の子どもの権利を実現する責任

137

第5章　日本政府や自治体の子どもの権利を実現する責任

子どもの権利条約　第42条

条約の広報義務

こども基本法 第4条、第15条
SDGs 16

# 国は子どもの権利を、子どもとおとなに知らせる義務があるよ

 **あなたには、こんな権利があるよ**

すべての子どもとおとなは、子どもの権利条約の基本的な決まりごとと、子どもの権利について、知らせてもらえる権利があります。

第42条には、3つのポイントがあります。

❶ **子どもは権利について教えてもらえる**

国は、子どもに対して、子どもの権利について知らせなければなりません。

この本では、子どもにはさまざまな権利があることをお伝えしています。自分がもつ権利を知ることで、子どもは自分を守ることができます。

いやなことが起きたときに、「いじめをやめさせることなんてできない」「ぼくが悪かったから、お父さんが怒って殴るんだ」「私の不注意で身体を触られてしまったんだ」と、つい思ってしまいがちです。

でも、1つひとつの権利について知ることで、自分の権利が傷つけられたことに、すぐ気づくことができるようになります。そして、あなたは権利をもつ人として、大切に扱われるべきと考えることができます。

❷ **おとなにも子どもの権利が知らされる**

千葉県流山市で開催された子どもの権利かるたワークショップ

　子どもが権利を知って自分の権利を守りたいと思っても、まわりにいるおとなが子どもの権利を知らなければ、一緒に子どもの権利を守ってくれません。

　そこで国は、おとなにも、子どもの権利条約について知らせなければなりません。

　すべてのおとなが子どもの権利を知ることで、子どもが悩んでいることや苦しんでいることを、子どもの権利にもとづくやり方で解決していくことができます。

❸ 生活の中で権利をどうつかっていけるのか教えてもらえる

　子どもは、権利について教えてもらうだけでなく、日々の生活の中でどんなふうに権利をつかえるかを教えてもらう権利があります。具体的な場面を考えながら、自分の権利が傷つけられたときに、どう行動すればいいかを教えてもらえるのです。そうすれば、こんどは子どもが、それをまわりの子どもに伝えていくことができます。

## ★ 子どもの権利を知り、一人ひとりが身につけるために大事なこと

　スウェーデンでは、保育園や幼稚園のときから、子どもの権利について学び、子ども自身が学ぶ内容を決めることができます。

カンボジアでは、多くの小学生が、子どもの権利が４つのグループに分かれ、児童労働から守られる権利があることを知っています。小学校でこのことを習うからです。

それに対して、日本政府は条約を批准してから、第42条が定める広報活動を十分に行なってこなかったため、子どもは学校で学んでいません。とくに、子どもが権利をつかっていける主人公だということを教えられていないのです。

この点について、国連子どもの権利委員会からなんども勧告されています。その中でも、子どもを助けたり、教えたりする仕事をしている人に、子どもが自分で決めることのできる権利があることをわかっていない人が多いことも、勧告されています。

日本では、子どもに権利を教えると「わがままになる」と考えたり、子どもが意見を言ったり、解決方法を提案すると「子どものくせに」と考えるおとなが、残念ながらたくさんいます。それは、子どもが権利を知ったあとに、自分のことを主張するだけでなく、もっといい社会をつくろうと行動していることが、広く知られていないからなのかもしれません。

そのため、学校の先生・保育士・裁判官・警察官・施設の職員・保護司（悪いことをした子どもの立ち直りを地域で支えるボランティア）などが子どもの権利について学び、子どもを一人の人として対等に見て、子どものもっている力を信じることが、とても大切です。

とくに、学校の先生が子どもの権利やその教え方について学ぶことができれば、子どもが学校で権利のつかい方を教えてもらえるようになり、自信が生まれます。知識によって自信がついたら、子どもどうしで問題を解決しようとすることができます。こども基本法・こども家庭庁の成立をきっかけに、フリースクールをふ

くむすべての学校で子どもの権利が学べるような制度をつくってほしいと願っています。

###  困ったときどうすればいいの？

子ども向けの権利の教育や広報について、2つ大切なことがあります。

**❶ 子どもにやさしい資料をつくってもらう**
- 子どもの権利に関することを子どもが読んで理解できる言葉で資料をつくってもらう
- 資料をつくるときには、子どもの意見を聞いてもらう
- 障害をもっている子ども、外国ルーツの子どもなど、特別なニーズがある子どもに向けた資料をつくってもらう。また、性的マイノリティの子どもなど、さまざまな背景をもつ子どもが悩んだり傷ついたりしない書き方にしてもらう。

**❷ どうしたらいいかを教えてもらう**

あなたが問題にぶつかったときに、どうやったら子どもの権利にもとづいて解決できるか、どこに相談すればいいかを教えてもらう。

困ったときには、親・学校の先生・子どもオンブズパーソン・チャイルドライン・弁護士・ＮＰＯ・児童相談所などに相談できるだけでなく、その人たちがどんな人で、彼らからどんなサポートをしてもらえるのかも教えてもらいましょう。

また、子どもの権利条例をつくったり、子どもにやさしいまちづくりをすすめたりしている自治体では、この2つについて取り組んでいます。そうでないところでも、子どもには相談できる権利があることを知り、つらいときに一人で悩まないで、相談できるところを見つけてください。

## この本を読んでくれたあなたへ

### ● 子どもの権利のレンズで見てみる

　子どもの権利を読んでみて、どう思いましたか？ 子どもの権利をつかってみようと思いましたか？ 自分の身に起きていることや、おとなが自分にしていることを「子どもの権利のレンズ」で見てみると、今までと違って見えるのではないでしょうか。

　「これって権利侵害じゃないかな？」「ほんとうは守られるべき権利が守られていないってことじゃないかな？」「これって子どもにとってもっとも良いこと？」「子どもの意見を反映させている？」「私の暴力から守られる権利は守られているの？」と気づいたり、疑問に思うことがあるかもしれません。

### ● 差別されない権利

　たとえば、もしあなたが女の子で、親から「女の子なんだから、お皿洗い手伝って」とか、「女の子はそんなにあれこれ意見を言うもんじゃない」と言われたりしていたら、それは、男は男らしく、女は女らしくしないといけないというジェンダー差別（男女差別）で、差別をされない権利が守られていないことになります。男の子であるあなたが、「男なんだから泣かないの！」としかられるときも同じです。

　自分に起きていることだけでなく、友達に起きていることについても「子どもの権利のレンズ」で見てみたらどうでしょうか。友達が同性を好きだということでからかわれていたり、生まれてきたときの性と自分が認識する性が違っているために、しぐさや格好が「男らしくない」「女らしくない」という偏見（偏った見方）で差別されていることはあ

りませんか。

　あるいは、もしあなたが外国にルーツがあること、アイヌや被差別部落出身であることが理由でいじめられたり、仲間はずれにされていたら、あなたの権利が侵害されているということです。

　子どもの権利を知るまでは、「しかたない」と思っていたことが、じつは、自分や友達の権利が侵害されていたのだと気づくかもしれません。とくに、知らず知らずに誰かから差別されていたり、自分が誰かを差別していることがあるかもしれないので、「誰でも差別されない権利」を意識してみましょう。

　そして、権利を知ったあなたは、自分や友達のために「それは差別だよ」「差別はやめて」と言うことができるのではないでしょうか。

## ● 相談する権利・暴力から守られる権利

　自分が差別されたり、いじめられたりするときに相手に言っても、全然やめてもらえないことは多いでしょう。そういうときは、一人でかかえこまないで相談しましょう。あなたには相談し、聞いてもらえる権利があります。

　いじめられているときに、心配させたくないと考えて、親に話をしない子どもがたくさんいます。でも、親が子どものことを心配するのはあたりまえのことです。どうか、一人でかかえこまないで親に相談してください。もしも、親から暴力をふるわれているばあいは、学校の先生やスクールカウンセラーに相談してみてください。または、LINEで相談することもできます。

　たとえ身体的暴力でなくても、親や先生からきつい言葉を投げつけられて傷ついたら、あなたには「もっとやさしく言ってほしい」と言う権利があります。きつい言葉は脳に悪い影響をおよぼし、くり返して

143

暴力的な言葉を受けているとダメージになると医学的にもわかっています。あなたには暴力から守られる権利があります。

　オーストラリアでは、2024年11月に16歳未満の子どもがSNSを利用することを禁止する法案が議会で賛成され、１年後から実施される予定です。その目的は、いじめや子どもポルノから子どもを守るためです。この法律によって、Xやインスタグラム、TikTokなどのSNSの運営会社は、16歳未満の子どもが利用できないようにしないと罰金を払わなければならなくなりました。

　日本でも、SNSは起きている子どもへのいじめや、子どもポルノ被害は深刻なので、社会で子どもを守ることを最優先にすることは大事です。同時に、SNSは子どもにとって貴重な情報を得たり、子ども自身が発信できる場でもあるので、安心安全な場になるように企業や政府、自治体はもっと努力しなければなりません。

　そしてSNSだけでなく、社会全体が子どもにとって暴力を受けない安心安全な場所になるように、おとなが真剣に考えてアクションを起こす必要があります。みなさんも一緒に考えてください。


● おとなだけで決めている？ あなたも決定に参加した？

　自分にかかわることを決めるときにあなたも参加していますか？もし、自分にかかわることで、今までおとなだけで決めていたとしたら、それもあなたの権利が侵害されているということです。そのようなことでモヤモヤを感じていたら「子どもの権利のレンズ」で見てみましょう。

　たとえば家の決まりで、門限やゲームの時間など、親が決めたルールがあれば、「それは自分のことだから、一緒に話し合って決めたい」と、提案してみることができます。親との話し合いの中で、自分はこうしたい、と意見を伝えて、それを生かしてもらうことが権利である

ことをわかってもらいましょう。

　同じように、学校の校則で、「これはおかしい」「これはいやだ」と感じたら、グループやクラスで話し合い、先生に伝えて、校則を変えたり、廃止したり、という選択もあります。髪型や制服など、「子どもの表現の自由」を奪っているのではないかと思う校則については、じっくり先生と話し合ってみましょう。

　もし、学校で子どもの権利について教えてもらえていなかったら、先生に「教えてほしい」と言っていいですし、同じように「性教育をしてほしい」とか、あるいは、「授業のやり方について意見を言わせてほしい」、「質問の時間をとってほしい」、「グループで調べ学習をしたい」など、学びの方法についての提案をしてもいいのです。

　地域では、もっと冒険遊び場(プレイパーク)のような公園をつくってほしいとか、公園でもボール遊びができるようにしてほしい、という願いを伝えることができます。あるいは、子どもの居場所をつくってほしいとか、児童館や青少年センターをこんなふうにつかいたいとか、暗い道に街灯を増やしてほしいとか、子どもにかかわることについて意見を言うことができます。

● **社会をより良くするために参加する権利**

　子どもには社会を変えていく力があります。子どもは未来の担い手ではなく、今生きている社会をもっと良くしていく力があります。

　あなたに、自分の住む町をもっと良くしたい、住んでいる町の問題を解決したいという望みがあるなら、仲間を探してみましょう。自治体が協力してくれるはずですから、「子ども会議」や「子ども議会」をつくる提案をしましょう。子どもの権利を守るという条例がなかったら、その条例をつくってほしいと言ってみましょう。子どもにやさしいま

145

ちづくり[*1]をすすめている自治体もあります。

　また、「こども基本法」という法律ができたことによって、国も自治体(地方公共団体)も、学校の先生も親も、みんなが子どもの権利を守らなくてはならなくなりました。法律で決めてほしいことも、国会議員に提案できます。

　こども家庭庁が応援してくれるので、みなさんの意見によって社会を変えていける可能性は高くなったといえます。あなたには意見を言う権利があるだけでなく、その意見を反映してもらう権利もあることが「こども大綱」にも書かれました。

　さいごに、この本を読んだみなさんに一番伝えたいメッセージは、あなたの権利が侵害され、困ったとき、つらいときは、一人で悩まないで、権利をつかってほしいということです。そして、権利が侵害されて一人で悩んでいる友達がいるときにも権利をつかってその子どもたちが孤立しないように、働きかけてほしいということです。

　「差別をやめて」「そんなことしないで」と言うときに、「権利」があなたに力を与える「てこ」や守ってくれる「たて」になってくれます。

　『世界の子ども権利かるた』で権利を学んだ中学1年生は、次の感想を書いてくれました。

　「親に自分の意見を言うとすべて否定されてしまうこともあり、それが、あたりまえだと思っていたけれど、私たちも人間として生まれてきて、人間として、自由に生きる権利があるということにあらためて気づくことができました」

　みなさん一人ひとりが、権利を知って、自分の人生を自分らしく生きてほしいと思います。そして、権利というレンズを通して、体罰、校則、性暴力、差別など、社会のいろいろな問題の解決に向けた動きに参加することで、ますますパワーを発揮してください。

---

*1　日本ユニセフ協会ホームページに東京都町田市や奈良市の取り組みが紹介されています。
https://www.unicef.or.jp/cfc/japan/

## 子どもの権利についてもっと知りたいときに役に立つ本15冊

1 『きみがきみらしく生きるための子どもの権利』甲斐田万智子監修 KADOKAWA 2023年
　＊小学生から読める子どもの権利の入門書。

2 『世界中の子どもの権利をまもる30の方法：だれひとり置き去りにしない！』認定 NPO 法人国際子ども権利センター編 合同出版 2019年
　＊世界と日本の子どもの事例と共に権利を学べる。SDGs も学べる。

3 『世界の子ども権利かるた：みんなで知ろう！ わたしたちのチャイルドライツ』甲斐田万智子監修 合同出版 2022年
　＊日本と世界の子どもたちの現状や身近な子どもの権利を楽しく学べる。

4 『こども基本法 こどもガイドブック』FTCJ 編 平尾潔、甲斐田万智子ほか 子どもの未来社 2024年
　＊こども基本法と子どもの権利条約、こども大綱について、子どもにもわかるようにペンギンのペンペンと共に説明。

5 『あなたの権利を知って使おう 子どもの権利ガイド』アムネスティ・インターナショナルほか 子どもの未来社 2024年
　＊自分たちの権利のために行動を起こした世界中の子どもたちが紹介されている。

6 『こども六法 (第2版)』山崎聡一郎著 弘文堂 2024年
　＊子どもの生活にかかわりの深い法律を解説した、子どもたちのための法律書。

7 『きかせてあなたのきもち 子どもの権利ってしってる？』長瀬正子著 ひだまり舎 2021年
　＊非常時に後回しにされがちな子どもの気持ちにより添い、子どもの権利を考える絵本。

8 『きみの人生はきみのもの：子どもが知っておきたい「権利」の話』谷口真由美・荻上チキ著 NHK 出版 2023年
　＊子どもがかかえる24の悩みや問題を取り上げ、「権利」を行使した解決への道を示す。

9 『まんが クラスメイトは外国人 - 多文化共生20の物語』みなみななみ著 明石書店 2009年
　＊日本に住む「外国につながる子どもたち」が直面している問題について考える。

10 『児童養護施設という私のおうち』田中れいか著 旬報社 2021年
　＊児童養護施設＝「かわいそう」はもう古い！ あたらしい「社会的養護」入門！

11 『いじめ防止法 こどもガイドブック』佐藤香代・三坂彰彦・加藤昌子著 子どもの未来社 2023年
　＊いじめの被害者・加害者・傍観者となっている子どもへ弁護士からのアドバイス。

12 『どうなってるんだろう？子どもの法律 〜一人で悩まないで〜』山下敏雅・渡辺雅之著 高文研 2017年
　＊学校、バイト、家庭などで子どもが困難に直面したとき、知っておきたい法律36本。

13 『こどもジェンダー』シオリーヌ著 ワニブックス 2021年
　＊助産師／性教育 YouTuber が伝える、ジェンダー・セクシュアリティにまつわる36の質問。

14 『人権ってなんだろう？』アジア太平洋人権情報センター編 解放出版社 2018年
　＊知識としてだけではなく、「そうか！」と人権の基本が納得できるように理解できる好著。

15 『こどもかいぎ』北村裕花作 フレーベル館 2019年
　＊スーツを着た子どもたちが身近なテーマで真剣に意見する「こどもかいぎ」について理解できる絵本。

# あなたも相談してみませんか

自治体によっては、子どもの悩みや意見を聞き、問題を解決するお手伝いをする子どものための権利相談室があります。これまで、子どもが相談室に相談して問題が解決に向かった例を紹介します。権利をつかうヒントにしてください。

## CASE 1
### 親からの暴力

高校生のAさんは、父親から暴力を受けたりひどいことを言われていたので、相談室に電話をかけ「親から暴力を受けていてつらいので、離れて暮らしたい」と相談をしました。

Aさんは家を出て一人で暮らしたいと思っていたのですが、十分なお金がなくてそれができなかったのです。相談員からは、Aさんは虐待されているので児童相談所へ相談しては？ とアドバイスされたのですが、Aさんは、自分で児童相談所に直接電話をかけて相談するのはむずかしいと答えました。そこで相談員が代わりに児童相談所に話をしてくれました。

その結果、Aさんは、自立援助ホームという施設で暮らすことができると知らされました。相談員は、自立援助ホームがどういうところかを説明してくれて、そこへ入る手続きの手伝いもしてくれました。

## CASE 2
### コーチからの暴力

Bさんは、サッカークラブのコーチからひどいことを言われたり、殴られたりしていました。暴力はつらいけど、クラブはやめたくないと悩んでいたときに、相談室のことを知りました。

Bさんは、相談室に電話をかけて、自分が相談したことはほかの人にわからないようにしてほしいと伝えました。そこで相談室の人は、クラブの子どもたち全員にアンケートを行なってみました。

その結果、ほかの子どもたちにも、コーチからひどい言葉を言われたり、暴力をふるわれていたことがわかったため、相談室の人がコーチに子どもたちのつらい気持ちを話しました。言葉であっても暴力的な態度をとることは子どもの権利侵害であると説明したら、コーチは今までのやり方をやめて、暴力をふるわないようにすると紙に書き、子どもたちと親たちに話しました。

---

＊ ケース1〜4の事例は、野村武司「自治体子ども相談・救済機関　グッド・プラクティス集」を参考にしました

## CASE 3
### クラスメートからのいじめ

Cさんは、**生まれたときの性は男でしたが、こころは女です。**そのことで、**友達からからかわれていたのですが、それがどんどんひどくなり、Cさんは学校に行くのがつらくなってきました。**

　Cさんが担任の先生に相談したら、「ただふざけているだけだ。気にしすぎ」と言われ、わかってもらえなかったので、相談室に電話してみました。
　相談員が、学校に来て担任の先生と話をしてくれたことで、クラスメートが「Cさんがいじめられているのを見て、つらかった」と話してくれました。担任の先生も校長先生も、Cさんに「今まで、いじめとしてしっかり考えていなくて、もうしわけなかった」とあやまりました。また、学校全体でいじめの問題を話し合い、解決しようとしたことで、Cさんはいじめられなくなりました。

## CASE 4
### 校則を変えたい

Dさんは、**学校の先生から「お前は女だから●●はだめだ」と言われたり、長い髪の女子は、後ろでゴムで結ばなくてはならないという校則をつらいと感じていました。**

　Dさんが友達と自分の思いを話したら、ほかの生徒も校則で苦しんでいることを知り、Dさんは自分以外の人も苦しむことがないようにしたいと思いました。
　そこで相談室に電話をかけると、相談員が子どもの権利条約に子どもが意見を言っていいと書かれていることを教えてくれたので、先生だけで校則を決めていることに疑問をもちました。そこで相談員に相談しながら学校に子どもの意見表明権と校則について手紙を書きました。校長先生とも話ができ、校則が見直されました。

## CASE 5
### 身体をさわられる

ダンスが好きなEさんは、**ダンス教室に通っていますが、教室の先生から身体をさわられるようになりました。**お母さんに話したら、**まずは相談室に相談しようと言われました。**

　相談室の人に相談したら、ダンス教室に行き、調べてくれました。すると、ほかの生徒も身体の大切なところをさわられていやな気持ちになっていることがわかりました。そこで、相談室の人がダンス教室を運営している会社の責任者にこのことを伝えてくれて、その先生はやめさせられました。そして、その先生がほかのダンス教室でも同じことをくりかえさないように、会社の責任者はこのことを関係者に伝えました。子どもに性犯罪を行なう人に対して、それを許さないという態度を示すために法律[*1]もできています。

---

*1　こども性暴力防止法

## 困ったときのための相談窓口一覧

**チャイルドライン：0120-99-7777**（16:00〜20:00）
＊チャイルドラインは、18歳までの子どものための相談先です。かかえている思いを
　誰かに話すことで、少しでも楽になるよう、気持ちを受けとめます。
　あなたの思いを大切にしながら、どうしたらいいかを一緒に考えていきます。

**こども家庭庁・子ども向け相談窓口／こども家庭庁・親子のための相談LINE**
＊こども家庭庁の、子ども向けホームページにはいつでも相談できる
　無料の相談窓口

**いのちSOS：0120-061-338**（24時間対応）
＊いのちが限界だと感じたら、どうかSOSを聴かせてください。「死にたい」「消えたい」
　「生きることに疲れた」。あなたのそんな気持ちを、専門の相談員が受け止めます。

**弁護士会LINE相談**
＊ひどい扱いをされたら弁護士に相談できます。罪を犯した子どもであっても、
　もし、長い間、勾留されてしまったら、まず弁護士に相談しましょう。

**児童相談所虐待対応ダイヤル：189**
＊虐待かもと思ったときなどに、すぐに児童相談所に通告・相談ができる
　全国共通の電話番号

**性犯罪・性暴力被害者のためのワンストップ支援センター**
＊あなたがおとなから性的にいやなことをされたら、「気をつけなかった自分が悪いんだ」と
　自分を責めるのをやめましょう。悪いのは100％加害者です。親を心配させたくないと
　思うかもしれませんが、まず、相談してみてください。

**APFS（Asian People's Friendship Society）**
＊たとえ親に在留資格がなくても、子どもに責任はありません。子どもの権利にくわしい
　弁護士さんや、日本に移り住んできた人びとを支援しているNPOに相談してみましょう。

**多文化共生支援団体リスト**
＊海外にルーツのある子どもたちは、日本語教育が受けられるように学校の先生だけでなく、
　NPOにも相談してみましょう。

**全国のフードバンク／全国こども食堂マップ**
＊子どもや保護者の食生活への支援をしています。
　もしごはんが食べられなくて困ったら連絡をしてみてください。

**ブラックバイトユニオン**
＊アルバイトの仕事内容があなたが思っていたものと違っていたときや、仕事をしていて
　「つらいことが多すぎるな」と感じたり、試験期間にアルバイトを休ませてくれないことが
　あったら、がまんせずに、信頼できる人や団体に相談しましょう。

**依存症対策全国センター**
＊もし自分が、あるいは、友達が薬物をやめられなくなってしまっていると思ったときは、
　専門の団体に相談しましょう。

＊もし違うホームページがでてきたら、ほかのQRコードをかくしてスキャンしてみてください。

# 国際子ども権利センター（シーライツ）って？

国際子ども権利センターは、もっとも困っている子どもたちの権利を守りたい、子どもの権利を伝えたいという思いから、1992年に大阪で設立されました。子どもたちがたいへんな状況にあるとき、その状況を抜け出すために、子ども自身が子どもの権利を知り、子どもが「私の権利を守ってほしい」と発言できること、そして、その声におとながこたえて子どもの権利を大切にする社会にすることをめざしています。

とくに、子どもがあらゆる暴力から守られる社会をつくりたいと考えています。そのためには、あらゆるところで子どもたちの声がきちんと聞かれることが大切です。

活動としては、子どもの権利かるたのワークショップや子どもの権利についての動画制作、講演・研修活動などをおこなっています。また、子どもの権利にもとづいた法律や子どものための取組みが進むように広げよう！子どもの権利条約キャンペーンの実行委員団体としても活動してきました。

子どもの権利を広めていくボランティアを募集していますので、興味がある人はメールするか、ホームページのお問い合わせフォームからご連絡ください。

認定NPO法人 国際子ども権利センター（C-Rights）
〒169-0051 東京都新宿区西早稲田2-3-18 アバコビル5階
TEL：03-5291-0820　E-mail：info@c-rights.org　ホームページ：http://www.c-rights.org/

---

**クラウドファウンディングでこの本をつくるために寄付をしてくださったみなさま**（敬称略）

加藤彰／矢代裕隼・海翔／成田由香子／宮崎潤／やまがたてるえ／BEN／林加奈子／吉野あかね／粟原知子／坂口くり果／古市理代／山下陽子／鈴木〈ブラッサンス〉正昭／阿部真紀／古根香菜子／後藤弘子／園田京子／羽鳥祥子／渡辺泰子／中山万帆／中島早苗／高野紀子／合同会社cityriverstyle／船橋公彦／南雲勇多／綾部敦彦／山岡万里子／つきのあかり／塚田哲也／荒牧重人／功能聡子／しらはたみゆ／溝口明子／大隈美直子／松原正明／松原慎一（旭丘31期）／村瀬千鶴／有北いくこ／うる／グラレコ奈美／角屋篤／石川美絵子／中村絵乃／河合将生／美夏クリニック／牛江ゆき子／中原寛子

みなさまのご支援のおかげで出版することができました。
心より感謝申し上げます。

**スペシャル・サンクス**

本書を執筆するにあたり、喜多明人さん、坂井隆之さん、野村武司さん、森保道さんに貴重なコメントをいただき、より事実に基づいた文章にすることができました。また、丸山千夏さんには、原稿作成や編集作業の大切な部分を手伝っていただきました。この方々のご協力なしには本書を完成させることはできませんでした。心よりお礼を申し上げます。

## 甲斐田万智子（かいだ・まちこ）

認定NPO法人国際子ども権利センター（C-Rights シーライツ）代表理事。立教大学、文京学院大学講師。広げよう！子どもの権利条約キャンペーン共同代表。1983年上智大学卒業。1983年から87年3月まで日本ユニセフ協会勤務。その後イギリスの大学院に留学、ブータン、インドに滞在。1996年に国際子ども権利センターに入職。2003年からカンボジアに4年滞在し、子どもの人身売買、性的搾取、児童労働の防止活動に携わる。2010年に帰国後、子どもの権利普及活動を行なう。広げよう！子どもの権利条約キャンペーン共同代表および政策提言チームとして、こども基本法やこども家庭庁が子どもの権利に基づいたものとなるように、政策提言活動に携わる。編著書に『世界中の子どもの権利をまもる30の方法 だれひとり置き去りにしない！』(合同出版)、共著に『こども基本法　こどもガイドブック』(子ども未来社)、監修に『きみがきみらしく生きるための子どもの権利』(KADOKAWA) などがある。

## 毎日つかえる子どもの権利

2024年12月30日　初版第1刷発行

| | |
|---|---|
| 著　者 | 甲斐田万智子 |
| 発行者 | 八尾浩幸 |
| 発行所 | アルパカ合同会社 |
| | 189-0002 東京都東村山市青葉町2-7-85 |
| | Tel 042-407-9120 Fax 042-390-6538 |
| | https://www.alpaca.style https://democracylab.thebace.in |
| 印　刷 | モリモト印刷株式会社 |

ISBN 978-4-910024-04-2 C0030
ⓒ Machiko Kaida
本書の無断複写・転訳載することは、著作権法の例外を除き禁じられています。